项目名称：山东省普惠金融的发展评价和经济绩效研究
项目来源：2015 年山东省优秀中青年科学家科研奖励基金
项目编号：BS2015SF018

西部地区农村金融深化中的政府行为研究

李　阳　著

中国财经出版传媒集团
中国财政经济出版社

图书在版编目（CIP）数据

西部地区农村金融深化中的政府行为研究/李阳著. —北京：中国财政经济出版社，2018.6

ISBN 978-7-5095-8009-7

Ⅰ.①西… Ⅱ.①李… Ⅲ.①农村金融-研究-中国 Ⅳ.①F832.35

中国版本图书馆CIP数据核字（2018）第004418号

责任编辑：段 钢　　　　责任印制：杨 军

封面设计：孙俪铭　　　　责任校对：杨瑞琦

中国财政经济出版社 出版

URL：http：//www.cfeph.cn

E-mail：cfeph@cfeph.cn

社址：北京市海淀区阜成路甲28号　邮政编码：100142

营销中心电话：010-88191537　北京财经书店电话：64033436　84041336

北京财经印刷厂印装　各地新华书店经销

710×1000毫米　16开　11.75印张　210 000字

2018年6月第1版　2018年6月北京第1次印刷

定价：58.00元

ISBN 978-7-5095-8009-7

（图书出现印装问题，本社负责调换）

本社质量投诉电话：010-88190744

打击盗版举报热线：010-88191661、QQ：2242791300

前　言

本书运用金融深化理论，系统研究我国西部地区农村金融深化问题，并主要就政府在其中的行为作用进行了探讨。本书从梳理金融深化中政府行为相关研究理论入手，以此为基础对西部地区农村金融深化程度进行实证分析，并与全国及东部、中部地区进行比较。在借鉴国外落后地区开发和农村金融体系先进经验的基础上，提出了西部地区农村金融深化中政府行为的直接方式与间接方式，并尝试性地构建了一个初步的分析框架。

本书首先回顾与评析了金融深化中政府行为研究的相关理论，探讨了金融深化的一般理论、农村金融理论、一般政府行为理论和区域经济政策理论。在此基础上，选取相关指标对农村金融深化程度进行实证分析，认为西部地区在总量、结构和效率三个方面与东、中部地区存在一定的差距，这种差距从根本上看是由经济发展水平的区域差异造成的。借鉴学界相关研究，提出“金融成熟度”及其测算方法，采用主成分分析方法对我国九个省（市、区）的农村金融成熟度进行测算并排序，发现虽然我国农村金融发展呈现区域发展不平衡的局面，但是发达地区民间金融的作用尤为重要，并提出了提升欠发达地区农村金融成熟度的方案。鉴于市场和政府都存在一定程度的失灵，本书分析了政府在农村金融深化中的地位与作用，确定了政府行为的成本与效用函数，通过无差异曲线和边际替代两个视角界定了政府与市场的行为边界，认为在农村金融深化中，政府应该在西部地区经济、社会条件约束下选择合理定位，最大程度发挥政府效用。同时，在回顾国外相关行为的基础上，提出了对我国西部地区农村金融深化的相关启示。

中国不是一个最优货币区域，因此西部农村金融深化过程中政府行为的直接方式是金融制度安排的区域倾斜，即宏观方面体现货币政策工具的多层次性，微观方面构建区域差别化的农村金融市场。而要想真正解决农村金融的实质问题，除了金融体系本身的改革，政府还要考虑到金融体系的外部机制问题，如农村土地流转体系的完善，农村社会保障体系的健全，以及农村公共财政机制的平衡。

作者
2017 年 11 月

目　　录

导　论

一、问题的提出

金融是现代经济的核心，20 世纪六七十年以来，关于金融深化与经济增长关系的研究在学术界引起广泛关注。大量学者和研究机构对世界上众多国家和地区的研究表明，金融深化与经济增长之间呈显著的正相关关系，即一个国家或地区的经济发展水平越高，其金融市场的发展水平也就越高。1973 年爱德华·肖（E. S. Shaw）出版《经济发展中的金融深化》一书，书中“金融深化”理论在经济学界引起强烈反响，成为发展中国家制定货币金融政策和实施金融改革的理论基础。在作者致中文版译者信（1987）中，肖指出：“中国有富庶的人力和其他资源，有悠久的文化，它所需要的只是指导经济刺激，以期提高生产率的种种政策。深化的金融政策值得予以认真仔细的、但并非是排他的考虑。”①

在一定程度上讲，中国金融改革的过程，也就是金融深化的过程。很多专家学者根据我国宏观经济运行的特点，对金融改革和深化的方向做出大量研究，提出了具有重要理论意义和现实意义的政策建议，丰富了金融发展理论，为我国金融深化做出了贡献。我国是农业大国，作为金融体制发展的一般特征，金融深化必然渗透至农村地区，这是推动农村经济发展的重要因素之一，成为解决农村资金来源问题的关键所在。

尽管改革开放后我国农村金融经历了几个阶段的制度变迁，也有大量学者对此进行相关研究，但从现实角度来看，农村金融深化与经济发展的要求仍不适应，供需矛盾突出、资金外流严重、非正规金融盛行等问题依然没有得到良好的解决。在农村金融深化的过程中，有许多问题值得研究与探讨：从区域角度来看，西部地区作为农村发展

① 爱德华·肖．经济发展中的金融深化．北京：中国社会科学出版社，1987.

落后的区域，农村金融深化的程度如何？与东部发达地区的差距有多大？这一过程中存在哪些深层次的原因？在西部地区农村金融深化中，政府应该扮演怎样的角色，政府行为的地位和作用是怎样的？是紧紧围绕西部地区的发展，还是应该逐步缩小与发达地区的差距？政府行为的合理边界是怎样的，是否需要完全消除与东部的差距？真正实现西部地区农村金融深化是不是应该功夫做到金融之外等。本书选择“西部地区农村金融深化中的政府行为研究”为题，拟对前述相关问题展开研究。

笔者选择前述内容为研究主题，主要基于以下目的：

第一，我国是一个农业大国，农业、农村、农民问题是关系到改革开放和经济发展全局的重要问题。解决好“三农”问题，是实现全面建设小康社会、构建和谐社会的前提条件之一，长久以来都是党的工作的重中之重。制约“三农”发展的症结，除了土地、劳动力、技术、制度等因素外，还有资本问题，也就是说，资金的投入是农村经济发展的关键。金融资源配置中出现的“马太效应”，加速了资金从农村流向城市，从欠发达地区流向发达地区的趋势，已有的财政、货币政策并未能抑制住这种趋势，农村金融供给不足、资金匮乏，阻碍了经济结构调整以及产业化、城镇化的步伐，抑制着农村经济的发展。农村发展如何得到更好的金融支持，目前已成为亟待解决的现实问题。

第二，在西部大开发、建设社会主义新农村和构建和谐社会的总体背景下，如何加快西部地区农村的发展是当前值得研究的重要课题。我国西部地区拥有71.5%的面积，28.8%的人口，地域辽阔，资源丰富，却只有16.9%的GDP，2005年全国城镇居民人均可支配收入10493元，全国农村居民人均纯收入3255元，而西部农村居民人均纯收入只有2379元。而在农村金融发展与深化的过程中，西部地区一直处于落后的状态，与东部的差距越来越大，直接影响到西部农村的经济发展和新农村建设的顺利实施。因此，对这一问题区域的农村金融深化进行关注，根据农村金融深化的程度以及与东部地区比较的实证分析，探寻深层次的原因，研究资金流向问题，对于加快落后地区农村发展，具有重要的现实意义。

第三，麦金农和肖提出“金融抑制”与“金融深化”理论，认为要使存在金融抑制的国家摆脱贫困，必须通过金融市场自由化，取消对利率、外汇和银行的控制，促进金融市场充分竞争，使利率自动达到瓦尔拉斯一般均衡水平，提高金融体系的信贷配置效率。这一理论的核心就是金融自由化，相信市场机制能完全解决问题，一经提出，就在发展中国家加以大力推广，形成一股金融自由化的思潮。然而，这种一揽子“大爆炸式”的休克疗法，只注意到金融发展中的外生约束，也就是政府对金融体系的干预阻碍了金融与经济的发展，但是忽略了由于信息不对称产生的道德风险和逆向选择，在大多数国家的实际效果并不令人满意。因此，在金融深化的过程中，单纯的市场机制并不能实现一般均衡，政府干预与市场机制不是对立的，而是相互作用的。对中国这样一个发展中大国而言，改革是渐进式的，农村金融深化必须依靠政府行为，对其进行干预调节。因此，对政府在其中扮演的角色进行准确定位，对其边界进行合理界定，对其行为手段进行尝试性探索，具有重要的研究价值。

第四，西部地区在农村金融深化中，表现出与东部发达地区之间的差距，构成了区域差距的重要组成部分。有学者指出，“中国虽然不是存在区域差距的唯一国家，但中国的‘个案’可谓极为典型”。①我国区域差距日益扩大，西部农村金融发展与东部相比不可同日而语，在这种背景下，研究其中政府行为的作用与调节，是对区域金融理论的进一步延伸，是对区域差距文献的进一步丰富，对于在一定程度上缩小东西差距可以提供相应的政策设计，对于区域协调发展具有重要的现实意义。

---

① 张启春．中国区域差距与与政府调控．北京：商务印书馆，2005.

上述分析表明，该选题是一个既有理论意义又有现实价值的研究。

二、本书相关概念与研究对象的界定

（一）金融深化与农村金融深化

关于金融深化，国内外学者有不同的定义。本书对这一概念的界定是建立在对前人研究进行综合整理的基础上。

饶余庆①对金融深化的定义为，政府放弃对金融市场和金融体系的过分干预，使利率和汇率能充分反映资金和外汇的需求情况，并在有效控制通货膨胀之后，金融体系可以以适当的利率来吸引大量储蓄资金，也可以以适当的放款利率满足实体部门的资金需求。林志远②更偏重从历史的角度把握金融深化，将其定义为"广泛的货币交换和金融市场的发展，使货币和金融资产的发行成为个人为将来消费做准备的价值储蓄手段，成为个人财富的重要组成形式，也使货币和金融资产的发行成为促进投资和加快资本形成的必要条件。投资增加，资本形成加快，国民收入增长伴随货币和金融资产存量的加快积累。"王建国偏重在政策角度进行分析，认为金融深化就是金融自由化，可以通过资金和外汇市场的供求关系来决定利率和适当的利率水平，刺激储蓄、投资，从而实现金融带动经济的全面进步。③ 何光辉与麦金农、肖的观点类似，认为金融深化是通过金融产品的快速增长实现金融与经济发展的良性循环。李炳炎认为，金融深化一是指金融机构、金融市场和金融工具的现代化；二是指信用关系能够渗透到经

① 饶余庆．现代货币银行学．北京：中国社会科学出版社，1983.

② 林志远．社会主义货币经济学．上海：上海三联书店、上海人民出版社，1995.

③ 王建国．金融自由化与金融深化．金融研究，1998（9）：33－36.

济活动中，以资本来带动经济实体的运行。① 彭兴韵根据金融作用于经济增长和发展的机制，认为金融深化是金融的功能不断完善、扩充并促进金融效率提高和经济增长的一个动态过程。②

根据麦金农和肖的研究，对前人研究进行概括总结，结合本书的需要，本书中的金融深化主要是指一个动态过程，即金融功能的完善、金融效率的提高和经济增长的过程，一般表现为三个层次的动态发展：一是金融增长，也就是金融规模的不断扩大；二是金融工具和金融结构的优化；三是金融市场机制的逐步健全，金融资源的优化配置。③

农村金融广义上主要是指农村货币资金关系融通的综合，在金融系统的角度，主要包括农村直接借贷、农村直接融资和农村间接融资三种融资方式下的全部农村金融活动。农村直接借贷主要指农村的民间借贷、集资、商业信用及各种标会、抬会等所从事的金融活动；间接金融主要指商业性、政策性银行，信用社、信托投资、保险、典当、融资租赁等金融活动；农村直接融资主要指发行农业公司股票、债券以及投资于农业公司股票与债券的投资基金等融资活动。④ 我们的研究是指农村金融间接融资，主要是商业性、政策性银行及农村信用社的活动，对农村民间金融不作涉及。对农村金融而言，金融深化主要体现在农村金融总量的增加、结构的优化和效率的提高三个方面。在研究的第二部分，将具体对西部地区农村金融深化的程度做出实证研究，并与东部地区进行对比。

（二）政府行为

在中国，政府行为在经济发展中一直具有重要的影响力。一方面

---

① 李炳炎．金融深化改革与金融风险防范对策．北京：中国经济出版社，2000.
② 彭兴韵．金融发展的路径依赖与金融自由化．上海：三联书店．2002.
③ 陈雨露，汪昌云．金融学文献通论．北京：中国人民大学出版社，2006.
④ 董杰．金融发展与农村经济增长研究．西南财经大学2004届博士毕业论文．

是计划经济时期政府对资源的高度集中控制；另一方面，在市场化进程中，政府的制度供给和政府投资对经济的刺激和拉动。随着博弈论在经济学领域影响的日益深化，对政府行为的理解逐渐摆脱了传统理论，改变了政府万能制度设计者和资源分配统治者的观点，更多的学者将政府行为视为拥有特殊的激励机制的博弈行为，一方面可以通过保护其他博弈者私有权的强制力，扩大市场的潜在功能；另一方面又通过对其他博弈者的私有权进行课税，实现向自己的强制力转移。①

根据对政府行为的理解与研究需要，在本书中，将政府行为界定为：政府对于农村金融深化过程中出现的区域差异与非均衡发展状态的调节、控制和干预，尤其对西部落后地区农村金融深化而言，需要政府制订相关区域经济政策，直接或间接指导问题区域的农村金融深化。因此，本书中的政府行为，一方面是对西部地区的扶持；另一方面，是对农村金融区域非均衡发展的调节。

（三）研究的时间与空间范围界定

20世纪80年代以来，伴随着农村经济的发展和金融形势的变化，农村金融体制经历了三轮重大的改革。鉴于农村信用社和农业银行一直在农村金融体系的重要地位，自1996年农村信用社与农业银行脱离行政隶属关系后，改革才算真正起步。因此，本书考察的时间主要设定在1997～2006年10年的时间，不涉及之前农村金融的相关状况。

有关问题在区域的层次进行研究，必须对空间范围进行清楚的界定。在本书中，因为涉及对比分析，就目前理论界主要研究和统计口径，一般采用三大带的划分方法，这种经济区划以省级单位为基础，

---

① 刘毅．中国金融深化中的政府作用与政策选择．天津财经学院2002年硕士毕业论文.

最早是在“七五”规划中正式提出。西部大开发以后，国家将原本属于东部的广西壮族自治区、原本属于中部的内蒙古自治区划归西部，调整后的东部地区包括北京、天津、河北、辽宁、上海、江苏、浙江、福建、山东、广东和海南11省市；中部地区包括山西、吉林、黑龙江、安徽、江西、河南、湖南、湖北8省；西部地区包括内蒙古、广西、重庆、云南、四川、贵州、西藏、陕西、甘肃、宁夏、青海、新疆12省区市。鉴于数据资料的可得性，不将西藏列入研究范围之内。

（四）数据来源

本书的数据主要来源于各类统计年鉴，相关政府部门和一些调查。统计年鉴主要有《中国统计年鉴》《中国金融年鉴》《中国农村统计年鉴》等；政府部门主要包括中国人民银行、银监会、国家统计局和农业部等；相关调查类资源主要来源于农村固定观察点调查。

三、国内外相关文献综述

（一）关于金融与经济发展关系的研究

1. 国外相关研究综述

金融发展与经济增长之间有怎样的关系，一直是理论界争论的话题。以萨伊为首的古典经济学家认为，供给可以自动创造需求，被后人称为“萨伊定律”。他们的观点是，货币数量的变化只会造成物价水平同比例上升或者下降，对生产供给、产出和就业没什么实质性的影响。其他一些经济学家对此也表达了类似的怀疑，例如，罗宾逊

(Joan Robinson，1952)[①] 认为金融只是企业的附属品，经济发展诱致了对金融的需求，金融体系是在这种需求下自动生成的。卢卡斯(Lucas，1986)[②] 宣称经济学家过分高估了金融因素在经济增长中的作用，根据理性预期学派的分析，人们是理性的，在货币供给量调整之前势必调整自己的经济行为，货币供给量的变化不会对就业和产出产生影响。Diamond Douglas W. (1984)[③] 甚至认为，是经济增长导致了金融发展，而不是相反的。

与这种观点不同，另一些经济学家认为，金融发展是经济增长的"引擎"。熊彼特（Schumpeter，1911)[④] 认为，银行促进了技术创新，银行通过对企业家进行遴选，为那些创造出新产品，并且成功性最高的企业家提供资金支持。因此，银行对技术进步和生产率的提高具有积极影响，通过影响资本的配置和必要的利率调整来改变经济增长的路径。希克斯[⑤]（Hicks，1969）对英国工业革命进行考察，发现工业革命时期普遍运用的技术其实早在 10 年之前就已经发明出来了。在这 10 年期间，英国形成了相对完备的金融市场和健全的金融体制。因此，正是金融体系使大量可利用的资本进入市场，从而对英国工业化起到关键作用。与熊彼特和希克斯不同，托宾（Tobin，1978)[⑥] 首次将货币因素引入了经济增长模型，充分强调货币的价值储藏功能，同时将货币收支列为实际可支配收入的一部分，进而影响

---

① Joan Robinson. The generalization of the general theory, in The rate of interest and other essays, London: Macmillan, 1952.

② Lucas, Robert E. On the Mechanics of Economic Development. Journal of Monetary Economics, July 1988, 22 (1), pp. 3 –42.

③ Diamond, Douglas W. Financial Intermediation and Delegated Monitoring. Review of Economic Studies, July 1984, 51 (3), pp. 393 –414.

④ Schumpeter, J. A. 1911, A Theory of Economic Development Harvard University Press: Cambridge, MA.

⑤ John Hicks. Measurement of Capital in Practice. 1969, Bulletin of ISI.

⑥ Tobin. J. A proposal for international monetary reform. Eastern Economic Journal, July-October, 1978.

人们的消费和储蓄行为。他认为，一旦这种影响持久下去，货币供给就会对长期经济增长产生实质作用。

关于金融和经济发展之间的关系，在很多实证研究中得到了相关验证。戈德史密斯（Smith，1969）在《金融结构与金融发展》中对35个国家进行大量的计量和统计分析后，发现金融发展与经济增长之间存在正相关关系。随着经济总量和人均收入的增加，金融的规模逐渐增大，结构日益复杂。但是，他也承认无法弄清是金融因素促进了经济增长，还是金融发展是由其他因素引起经济增长的一种反应。有人说，戈德史密斯给后人留下了一个研究的“谜”。

在一定意义上，戈德史密斯的研究是具有开创性的，但在金和利维①（King and Ross Levine，1997）看来，他并没有考虑影响经济增长的其他因素，也没有考虑到金融发展是否会影响到资本积累和生产率的提高。为了弥补这一缺陷，他们对金融发展水平与资本积累、生产率提高等因子进行计量分析，并对80个国家1969～1989年20年间金融发展与经济增长进行实证分析，得出结论：金融发展促进了人均增值率的提高、物质资本的积累和经济效率的提高，较高的金融发展水平会带来较高的经济增长率、物质资本的积累和经济效率。同时，可以通过金融发展预测未来10～30年的经济增长率、资本积累状况。

利维等人的研究偏重检验金融发展与宏观经济指标之间的相关性，并未深入到微观层次考察金融与经济发展之间的关系。拉简和兹加勒斯②（Rajan and Zingales，1998）在利维等人研究的基础之上，又进一步从一个国家内部不同产业对外源融资的依赖程度来考察金融是否影响产业的成长，在微观层次分析金融发展是否会引致经济增

---

① Levine, R, 1997. Financial development and economic growth: views and agenda. Journal of Economic Literature 35, 688－726.

② Rajan, Raghuram G. and Luigi Zingales, Financial Dependence and Growth. American Economic Review 88 (1998), 559－586.

长。他们的发现意味着，金融市场和金融机构的发展满足了一系列产业的需求，然后促进了另一个新产业群体的出现，从而带动整个经济增长。从此之后，关于金融发展能否促进经济增长的怀疑得到平息。在此基础上，研究的重点逐渐转向产业和企业层面，出现了大量文献计算金融对经济增长的贡献率。对发展中国家金融与经济增长关系的研究形成了著名的纳尔逊“恶性循环”理论。他认为，发展中国家之所以落后，是因为储蓄率较低，导致投资不足、资本形成不足，进一步导致低收入，又减少了储蓄的来源，这样周而复始，陷入“恶性循环”。① 麦金农和肖在发展中国家金融与经济增长方面的研究更为深入，认为发展中国家普遍存在金融抑制现象，如存在严重的高通货膨胀率、政府对利率实施严格控制、实际利率为负、政府之间参与信贷配给等。因此，他们认为发展中国家应该推行完全的金融自由化，抑制通货膨胀，提高储蓄率和投资效率。

对金融发展与经济发展的关系研究，在国外已经经历了长期的过程，至今，大家已经基本认同“引擎”论，逐步否定了“面纱”论，同时，将更多的因素纳入研究范围，将更多的方法用于实证分析，为后来的研究奠定了坚实基础。但国外一般是以国家作为研究主体，鲜有将农村地区金融发展与经济发展作为研究主体的成果，主要原因在于农村、城市二元经济结构和金融结构一般是发展中国家特有的经济现象，发达国家很大程度上不存在城市与农村的割裂。

2. 国内研究综述

随着国内对经济增长方面研究的深入，自 20 世纪 90 年代以来，对金融发展与经济增长的关系研究开始引起理论界的关注。

(1) 对金融与经济增长的一般研究。

王广谦（1997）② 分析了现代经济发展中金融因素及其对经济的

① 谭崇台．发展经济学概论．武汉：武汉大学出版社，2001.

② 王广谦．经济发展中金融的贡献与效率．北京：中国人民大学出版社，1997.

贡献，认为金融有助于提高要素的投入量，有助于提高要素生产率，金融部门的产值可以直接增加经济总量。经过测算，他得出结论：金融部门直接或间接作用对经济增长的贡献率可以达到19.6%。谈儒勇（1999）① 曾经按照金和利维的方法对中国金融与经济增长之间的关系做过实证研究，表明中国的金融中介发展与经济增长之间存在显著的正相关关系，但是股票市场与经济增长之间存在不显著的负相关关系，而在金融中介体和股票市场之间存在显著的正相关关系，因此股票市场可能促进了金融中介体的发展。赵志君（2000）② 从金融资产的存量与结构上考察了中国经济增长，他发现，中国金融过于注重总量与规模的扩张，忽视了质量的提高。M2/GNP（货币化）的快速深化不但不能反映中国金融的发展，反而暴露了中国金融与经济增长过程中存在的问题。曹啸和吴军（2002）③ 采用 Granger 因果检验法对金融中介发展与经济增长之间的因果关系进行了补充研究，结果证实金融发展是经济增长的重要原因，金融资产数量上的扩张实现了金融对经济增长的促进作用，而资金配置效率并不高，这也直接导致我国金融深化水平低下。陈军、王亚杰（2002）④ 通过对我国金融发展与经济增长关系分析，认为金融发展为经济增长提供了更多和更好的金融服务，其中银行通过提高资金规模促进经济增长，而股市则通过提高资金配置和使用效率实现经济进步。董正青（2003）⑤ 从金融能量与 GDP 的角度说明了金融和经济增长之间的关系，他认为金融能量是由经济体所拥有的金融资源规模及其单位金融资源的产出能力所决定的，其释放程度是决定 GDP 水平的关键因素。要使经济体完全

---

① 谈儒勇．中国金融发展和经济增长关系的实证研究．经济研究，1999（10）．

② 赵志君．金融资产总量、结构与经济增长．管理世界，2000（3）．

③ 曹啸，吴军．我国金融发展与经济增长关系的格兰杰检验和特征分析．财贸经济，2002（5）．

④ 陈军，王亚杰．我国金融发展对经济增长的影响分析．财经理论与实践，2002（S3）．

⑤ 董正青．金融释放论．经济研究，2003（7）．

释放其所拥有的金融能量，关键是金融资源的使用权要实现竞争性配置。周立（2004）①通过实证分析，论证了区域金融与区域经济增长的关系，认为中国各地区经济发展与金融发展关系密切，促进金融深化有利于促进经济增长。中国的金融增长并不意味着金融发展，只是量的扩张而非质的提高，只有政府职能归位，解决金融功能代替财政功能的问题，才能真正实现金融深化促进经济增长。马长有（2005）②认为，金融发展与经济增长存在强烈的正相关性，金融发展水平是未来经济增长的先行指标。他从区域经济学的角度进行分析，得出结论：金融发展水平高的地区比落后的地区经济增长快，因为它不但影响经济增长的速度、总量，而且影响增长的方向和质量。因此，通过金融深化改变落后地区金融状况已经成为经济增长的一条途径。

综上所述，在对金融发展与经济增长关系的研究过程中，学者在金融发展与经济增长之间存在相关性上基本达成共识，与此同时，越来越多的学者从区域金融角度进行分析，并试图通过金融发展实现落后地区经济的起飞。

（2）西部地区金融与经济增长的关系。

自西部大开发以后，关于西部地区金融与经济增长关系的研究纷至沓来，理论界也逐渐形成统一的倾向，即发展西部地区经济必须发展西部金融，金融是西部地区经济增长的核心。

陕西省人民银行课题组早在1995年曾就东部、西部地区金融总量和结构差异进行研究，认为两个区域之间自然环境、资源状况、自我发展能力、技术进步及产业结构差异是造成金融发展差异的重要原

① 周立．中国各地区金融发展与经济增长（1978～2000）．北京：清华大学出版社，2004.

② 马长有．中国金融结构与经济增长的实证分析．社会科学研究，2005（3）.

因，但从根本上看还是政策造成的。① 这在当时是非常超前的观念。江其务、武胜利（2000）② 以陕西为研究对象，发现资本不足、资金配置和使用效率低下是制约陕西经济发展的重要因素，现存投融资体制的缺陷是决定性因素。刘明（2002）指出，要解决西部地区经济发展滞后问题，必须重视金融市场建设，加快西部地区的金融改革与金融深化，在资本、技术、劳动力等要素方面进行重新组合。伍海华（2002）③ 通过因子分析法对31个省区市金融发展状况进行了实证分析，认为东部与中西部地区存在金融发展差异，我国金融发展呈现区域二元结构。只有培育中西部资本市场，建立金融中心，提高金融发展水平，才能从根本上解决经济发展二元结构的状况。谢丽霜（2003）④ 对西部大开发中的金融支持与金融发展进行研究，从多层次、多角度，理论和实证两个方面对西部地区金融发展战略进行研究。同时，有很多学者对西部地区发展中资金配置效率问题进行研究，得出一致的结论：现存金融政策和金融体系与区域资金优化配置的目标相去甚远，存在很多不协调的地方，使区域资金配置出现“马太效应”。因此，必须深化区域金融改革，提高资金配置效率，改善资本不足的局面，促进区域经济增长。

随着区域差距逐步扩大，西部地区金融发展和经济增长中存在的问题在近20年内渐渐引起理论界的关注，尤其在西部地区学术界展开了大量相关研究，形成了诸多研究成果。但是，其中内在的机制研究、后续的政策分析都不够完善，难以形成独立的理论体系，如何利用金融更好地促进落后地区经济增长，仍需要进一步研究。

---

① 陕西省人民银行课题组．对西部欠发达地区金融发展若干问题的思考．陕西金融．1995（12）．

② 江其务，武胜利．中国西部金融改革与发展战略报告．西安金融，2001（4）．

③ 伍海华．金融区域二元结构及发展对策．经济理论与经济管理，2002（8）．

④ 谢丽霜．西部开发中的金融支持与金融发展．大连：东北财经大学出版社，2003．

（二）关于农村金融深化的研究

关于农村金融深化方面的研究，国内外目前还不是很多。Robin Burgess 和 Rohini Pande（2002）对印度 1961～2000 年银行政策的变革进行研究，证明印度农村银行改变了农村的生产活动和雇佣行为，使贫困减少、产出增加。① 徐笑波、邓英淘（1994）② 最早计算出我国农村金融相关比率，将其定义为“行社存款”与“农村国民收入”之比，分析了两者的发展变化规律，论证了我国农村金融深化与农村经济发展的关系。

20 世纪 90 年代末，中国社科院和中国农业大学的部分学者以微观研究为基础，对农户需求方面对农村金融深化进行研究，形成一些类似的结论。张元红（1999）③ 对农村 FIR 的计算采用了与徐笑波类似的计算公式：行社存款余额与同期农村 GDP 的比值。她以湖北福星村为例，考察了中国农村地区金融市场与农民需求状况，认为农民对正规金融市场的参与只是单纯的资金贡献，农民贷款需求很小，需求也不符合金融部门商业利润的追求，制度和政策因素是造成农村地区金融市场分割和被正规金融市场排斥的重要原因。何广文（1999）④ 从农民资金借贷行为入手，对 21 个县 365 个家庭进行入户调查，对农户资金借贷行为及其背后的根源、规范农户借贷行为的对策进行了探讨。

贾红刚（2001）⑤ 在前人研究的基础上，从宏观和微观两个层

---

① 姚耀军．转型中的我国农村金融发展研究．浙江大学 2005 届博士毕业论文．

② 徐笑波、邓英淘．中国农村金融的变革和发展：1978～1990. 香港：牛津大学出版社，1994.

③ 张元红．农民的金融需求与农村的金融深化．中国农村观察，1999（1）.

④ 何广文．从农村居民资金借贷行为看农村金融抑制与金融深化．中国农村经济，1999（10）.

⑤ 贾红刚．我国农村金融深化绩效的实证检验．南京农业大学 2001 届博士学位论文．

次，多角度对农村金融深化问题进行研究，尤其对农村金融深化的绩效进行实证检验，并对检验结果进行反思，提出今后改革的相关对策。张兵（2002）① 对以前研究的指标进行了修正，并通过横向和纵向比较分析认为，我国农村金融已经取得巨大进步，但是农村金融深化的程度比全国落后10年，与全球金融发展水平相比，落后20～30年。但他们的研究有一个共同的缺点，就是围绕农村金融发展与农村经济增长两者建立的函数关系，回归分析的拟合度不够高，未能很好证明其高度相关性。林毅夫（2003）② 在金融理论的分析框架内，对农村金融发展与经济增长的关系进行了定性描述。周威（2003）③ 从结构和效率两个方面分析我国农村金融深化不足的体制原因，探讨了农村金融深化的制度模式选择。安翔（2004）④ 利用内生经济增长理论中的Pagano模型，建立均衡方程来考察农村金融发展与经济增长的关联性，说明在农村经济的增长过程中，金融具有明显的促进作用，国家的政策也是决定性变量。同时，研究证实，利率指标与农村经济增长率具有显著的负相关关系，农村金融抑制是制约农村经济发展的重要因素。董杰（2004）⑤ 通过对我国农村金融发展与农村经济增长的假设检验及对回归结果的分析，认为自改革开放以来，我们农村经济的快速增长使农村金融资产总量迅速增加，并且其增长幅度超过农村GDP增长幅度，从而使FIR呈现继续提高的趋势。在这一过程中，最早是农村市场经济体制改革促进农村经济增长并带动农村金融发展，接着农村金融发展又反过来推动农村经济进一步增长，从而使两者之间呈现显著的正相关关系。在进一步研究中，他认为农村经

---

① 张兵．我国农村金融深化的实证检验与比较研究．南京农业大学学报，2002（2）．

② 林毅夫．三农问题与我国农村的未来发展．农业经济问题，2003（1）．

③ 周威．中国农村金融深化中的体制构建问题研究．东北财经大学2003届硕士学位论文．

④ 安翔．我国农村金融发展与农村经济增长问题研究．浙江大学2004届博士学位论文．

⑤ 董杰．金融发展与农村经济增长研究．西南财经大学2004届博士学位论文．

济增长是农村金融发展的源动力，而农村金融发展也会对农村经济增长产生强烈的反作用，两者必须协调发展。如果农村金融的发展被人为地压抑，则必然对农村经济增长形成制约和阻滞。钟笑寒、汤荔(2005)① 对农业银行的撤并带来的影响进行实证分析，结果表明，中国农业银行的撤并行为导致了农村金融的空白，对农村经济产生了负面影响。任晶（2006）② 从供给和需求角度分析了农村金融深化不足存在的原因，认为加快农村利率市场化进程，建立多元化的农村金融组织体系是解决问题的有效途径。

因此，学术界普遍认为，在我国当前农村金融发展明显存在压抑的情况下，必须研究其形成的深层原因、表现的形式及其对农村经济增长可能产生的危害，从而采取相关措施解除农村金融抑制状况，实行有约束条件下的金融深化，并以此促进农村经济增长。

（三）关于金融发展中的政府行为研究

关于金融发展中政府行为的研究，长期以来一直是国内外理论界争论的焦点问题之一。

麦金农和肖（1973）的金融深化理论从发展中国家政府对金融的不恰当干预出发，认为应取消政府干预实现金融自由化。他们深受自由主义传统的影响，认为金融深化就是金融自由化，从本质上排斥政府对金融的干预，认为如果能充分发挥金融体系中微观主体的作用、发挥市场的作用，就能使金融市场自动趋向瓦尔拉斯均衡。而斯蒂格利茨（1994）从信息不对称的角度重新考虑了金融市场的均衡，强调了政府干预对于发展中国家金融深化过程中的作用，对政府行为在金融深化中的作用考虑的更为全面，是一种有约束力的金融深化。

---

① 钟笑寒、汤荔．农村金融机构收缩的经济影响．经济评论，2005（1）．

② 任晶．中国农村金融抑制和金融深化问题研究．湖南大学2006届硕士学位论文．

从国外各个发展中国家的实践来看，南美洲的智利、阿根廷、乌拉圭等国家自20世纪70年代以来的金融改革一直是理论界金融深化争论的焦点，很多学者认为，他们已经成为发展中国家金融深化的实验室。智利、阿根源、乌拉圭的金融改革完全依照麦金农和肖的理论，彻底否定政府行为在金融发展中的作用，实现了利率自由化、取消资本市场的诸多限制、汇率自由浮动，导致高通货膨胀率、高实际利率，严重影响了国内经济的正常运行，没有达到金融深化促进储蓄、投资和经济增长的预期目标。而韩国在金融深化中实施了政府干预政策，就有不一样的结果。帕克（1990）对韩国20世纪六七十年代的金融深化进行实证研究后认为，在近10年自由化尝试之后，韩国的金融部门依然处于严厉和广泛的政府控制之下，很大程度上不允许外来竞争，金融部门的改革措施范围和程度都有限。Philip Arestis等人对韩国金融深化的直接效应进行了分析，认为韩国的金融深化似乎发挥了对金融发展和经济增长的正向作用。但另一份报告（Demetriades and Luintel）认为，韩国当局使用的同一政策在印度却产生了相反的结果。因此，学术界认为，市场失灵未必表示政府成功，金融深化过程中政府行为的作用是很重要的，是否存在良好的管理，政府干预是否能有效地改进经济运作，政府干预范围和程度都会产生不同的后果。①

我国学者对金融发展中政府行为作用的研究不多，但也形成了一些观点。刘毅（2002）提出了“市场增进型”政策，认为包括中国在内的发展中国家政府在金融深化过程中发挥作用必须考虑几个原则：一是必须考虑发展中国家金融市场的非完全竞争的特征；二是必须承认发展中国家金融体系非市场性的特征；三是在经济发展阶段和社会环境发生变化后，市场增进型的政策在效果变动后应有序退出。

---

① 刘毅．中国金融深化中的政府作用与政策选择．天津财经学院2002年硕士毕业论文.

谢丽霜（2003）从区域经济学角度，分析了地方政府在金融深化中的作用，重点强调了在西部大开发中，西部金融发展必须依靠政府的推动作用。她认为，除了中央政府的作用外，地方政府行为在金融发展中的作用可谓是“双刃剑”，如何更好地发挥其积极作用，是非常重要的研究领域。魏雅丽（2004）① 着重研究了中国农村金融成长过程中的政府行为，深入探讨了政府行为的作用机制和绩效评估，认为在市场失灵的情况下，政府行为是必不可少的。但她同时指出，政府行为的作用必须是有条件的，以不损害微观主体的利益为前提。政府行为必须是适度的，其行为范围是有一定边界的，进而对内生性成长模式下政府监管的适度性提出了自己的看法。王莹（2007）② 通过分析中国股票市场发展中的政府行为演变过程及政府行为效率，来研究与股票市场发展相关的政府行为目标和方式，并提出有助于优化我国股票市场发展的政府行为建议。

因此，政府行为在金融发展和金融深化中的作用是重要的，同样的政策在不同的经济环境中也会有不同的效应，如何更好地发挥政府行为在农村金融发展中的作用，需要进一步进行研究。

四、研究的基本思路与分析框架

（一）研究的基本思路与研究内容

本书以金融深化理论、一般政府行为理论、区域经济政策相关理论等为基础，首先，选取合适的指标，对西部地区农村金融深化进行了实证分析，兼与东部地区进行对比研究，并探寻深层次的原因；其次，对金融深化中政府行为机制进行了分析；最后，对西部地区农村

---

① 魏雅丽．中国农村金融成长中的政府行为研究．暨南大学2004届硕士学位论文．

② 王莹．我国股票市场发展过程中的政府行为分析．吉林大学2007届硕士学位论文．

金融深化中政府行为的目标和边界进行界定，并借鉴国内外相关经验，在此基础上，进一步探讨了西部地区农村金融深化过程中的政府行为的方式和手段：一是金融制度安排方面的区域倾斜；二是西部地区农村基本制度的重构，为农村金融深化创造条件。

基于以上的基本研究思路，本书共七章，主要研究内容是：

导论：主要阐明问题的研究背景及意义，对相关概念和研究对象进行界定，对相关文献进行回顾，在此基础上，提出本书的主要研究内容和大概的框架，指出可能的创新与预期的困难。

第一章：是整个研究的理论基础，主要包括金融深化的一般理论、农村金融理论、政府行为的一般理论和区域经济政策理论，对其进行了全面梳理和述评。

第二章：是本书研究的基础部分，主要对西部地区农村金融深化进行实证分析。首先，选择相关指标，在总量、结构、效率三个方面对西部地区农村金融深化进行测算；其次，与东部地区进行比较、总结，发现其中各自的差距；最后，引入金融成熟度的分析框架，对我国九个省级地区的农村金融成熟度进行测量并排序。

第三章：是本书的过渡章节，将金融深化与政府行为结合在一起，主要阐述政府行为在农村金融深化中的地位与作用，将市场准入、利率调控、信贷控制等纳入政府行为的一般方式进行研究，并分析了政府行为在西部地区农村金融深化中应该有怎样的目标，以及调控边界。

第四章：借鉴国外如美国、日本、印度等在解决落后地区农村金融深化中的制度安排以及东部发达地区曾经的经验，为西部地区农村金融的进一步深化以及逐步缩小差距奠定基础。

第五章：通过前面分析提出，在西部地区农村金融深化过程中，政府最直接的行为方式是进行农村金融相关制度安排的区域倾斜。以最优货币区理论为基础，构建区域差别化的货币金融政策，在政策工具选择、传导机制以及农村金融市场体系建设方面提出相关建议，实现政府行为全国统一与区域差异的有机结合。

第六章：在西部地区农村金融深化过程中，仅仅依靠金融方面的制度变迁是远远不够的，如何改善、完善农村基本制度，为农村金融深化创造条件，是不可回避的问题。因此，农村基本制度的重构，如农村土地流转体系的完善、农产品价格补贴政策的实施、农业产业化经营的进一步推广、农村公共财政机制的平衡，成为农村金融深化中的必然选择。

第七章：是本书的总结，主要对研究结论进行概括，对今后需要继续的相关研究进行展望。

（二）可能的创新与预期的不足

本书可能的创新在于：运用相关指标对西部地区农村金融深化的程度进行测算，引入农村金融成熟度的理论分析框架，并对相关地区农村金融成熟度进行测算，是本书可能的创新之一。

预期的困难与不足主要有：

（1）从数据看，本书需要对西部地区农村金融深化程度进行实证分析，因为不涉及民间金融发展部分的研究，样本数据有限，可能与真实情况之间存在差距。同时，在实证分析中偏重比较静态分析，对动态情况考察不够。

（2）从理论看，本书涉及的大量理论分析框架都是宏观的，基于农户行为的微观理论分析较少。

本书的框架如图所示。

五、研究方法与技术路线

本书将综合运用金融发展理论、公共经济学、制度经济学、福利经济学、发展经济学等现代经济理论中的观点和研究方法，对西部地

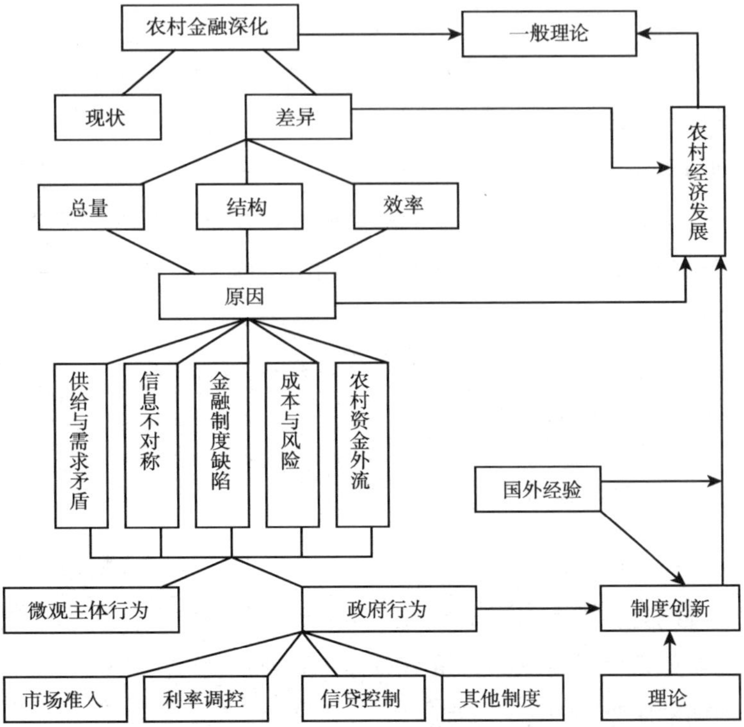

研究方法与技术路线图

区农村金融深化以及其中的政府行为进行相关研究。在研究的过程中，将主要采用定性与定量相结合的方法，既注重理论的演绎分析，又重视实地的调研与归纳分析。具体来说，本书力争做到：

一是实证分析与规范分析相结合。以西部地区农村金融深化为主题，并主要针对政府行为进行研究，最终是为了区域经济政策的制定和实施提供更好的理论支持，政策或制度都是规范经济学的基本范畴，必须以一定的理论为基础；同时，不可避免地需要对所研究的问题进行实证分析，才能科学、准确地对西部地区农村金融深化程度做出客观的描述，对西部与东部的差距做出具体的测定。基于实际情况，对今后需要完善的地方提出相应的政府调控手段。

二是定性分析与定量分析相结合。在应用经济学的研究领域，定量分析是不可或缺的，只有在科学、有效、准确的定量分析结果基础之上，才能支持定性研究的继续，否则难以有强烈的说服力，会出现无依据的判断。同时，定性分析可以为量化提供思路与框架，尤其在缺少系统数据的前提下，定性分析显得尤为重要。在对西部地区农村金融深化进行研究的过程中，两者不可替代，互为补充。

三是历史和现实相结合。农村金融深化是一个过程，在进行研究时，必须注意历史延续与现实因素的结合，尤其对西部地区而言，农村金融落后于东部地区的原因是多方面的，历史因素不可忽视。对这一过程中，政府行为经历了怎样的变迁，现实状况如何，都是采用历史与现实结合的方法。

四是借鉴与比较相结合。除了对经典理论的借鉴，一些国家在农村金融深化过程中的政府行为变化以及相关政策的制定，对我们都有重要的借鉴意义，尤其是它们针对落后地区农村金融发展，有没有制定相关政策，专门解决问题区域的金融问题，是我们关注的焦点。同时，利用各类分析指标，对西部地区农村金融深化程度做出定量分析，并进行横向和纵向对比，全面揭示农村金融深化中的种种问题，都是运用了静态和动态比较方法。

五是查阅文献与实地调研的结合。一方面，充分利用各种资源，仔细阅读相关文献和专著，以前人的相关研究为基础，积极关注相关领域的最新研究动态，保证研究的质量；另一方面，必须针对西部地区农村金融深化中出现的问题和需要政府长期关注的领域，进行实地调研，听取相关部门、人员和专家的意见，能够对问题有更好的认识，在此基础上提出的政府作为更有效。

第一章 金融深化中政府行为研究的相关理论

一、金融深化的一般理论

1973年麦金农的《经济发展中的货币与资本》和爱德华·肖的《经济发展中的金融深化》两本著作的出版，标志着金融抑制与金融深化理论的形成，被称为发展经济学和货币金融理论的重要突破。许多发展中国家制订和实施货币金融政策都受到该理论的影响。

（一）金融深化理论的形成

金融深化理论的形成，一般认为分为三个明显的阶段：第一个阶段主要是约翰·格利和肖于1955年开始对“经济发展的金融方面”进行研究，并于1960年出版《金融理论中的货币》一书；第二个阶段主要是戈德史密斯于1969年出版了《金融结构与金融发展》一书；第三个阶段是麦金农和肖正式提出“金融抑制”和“金融深化”，是金融深化理论的最终形成时期。①

1. 格利和肖的观点

1955年和1956年，Guly和Shaw分别发表了《经济发展中的金融方面》和《金融中介机构与储蓄——投资》两篇论文，拉开了研究金融发展理论的序幕。他们在论文中试图从新的角度分别对经济与金融的关系，各种金融机构在信用创造过程中的作用等问题提出不同以往的观点，证明了经济发展程度越高，金融在其中起到的作用越强。论文主要在金融增长的层次进行分析，但是在一定程度上涉及金融发展制度方面的问题，为后续研究奠定了基础。

1960年出版的《金融理论中的货币》，是对以往观点的进一步阐释，是对先前理论的进一步完善。其中的重要贡献主要有：

第一，从理论上看，格利和肖在新古典学派的分析框架下展开讨

---

① 陈雨露，汪昌云．金融学文献通论．北京：中国人民大学出版社，2006.

论，他们认为，商业银行在金融机构中是能创造活期存款形式货币的唯一部门，但是其他金融机构也能创造出某种特殊的金融债权凭证，通过放款、投资等与商业银行同样具有信用扩张的能力。20 世纪 70 年代美国出现了货币互助基金会，80 年代涌现了货币市场存款账户、超级可转让提款单等，显示了金融衍生工具和金融机构多样化的趋势，充分证明了格利和肖的观点。而事实证明，他们的新观点在当时并未引起美国政府的重视，商业银行的活期存款在相当长的历史时期内仍是监控重点，而非货币中介机构在信用创造方面的作用被忽视。但金融多样化的趋势是不可逆转的，在今天看来，它对货币政策的演变、金融机构的发展、整个经济结构的调整都产生重要影响。各国政府在进行货币控制时，必须充分考虑货币与经济的关系，考虑多样化的金融资产和机构对经济活动的影响，为货币政策的制定提供了新思路。

关于货币的性质，他们将货币区分为“外在货币”和“内在货币”。所谓“外在货币”，是由政府购买商品、劳务或转移支付而产生的货币资产，因为“外在货币”的存在，价格的变化会影响财富在政府部门和私人部门之间转移。所谓“内在货币”，主要指私人金融机构债务组成的货币资产，代表着内在私人部门的资产和负债。考虑到“外在货币”与“内在货币”的并存，他们认为货币是非中性的。在这一过程中，格利和肖从两种货币类型的不同渠道出发考察了它们给经济带来的不同影响，是对货币金融理论的拓展和丰富，对于研究我国货币中的“经济发行”和“财政发行”等问题也有重要意义。①

第二，从研究方法上看，他们运用从简单到复杂的抽象思维方法，先从基本的两部门“初始模型”入手，然后增加新的变量，演

① 约翰·G. 格利，爱德华·S. 肖．金融理论中的货币．上海：三联书店，2006：译者前言．

变成一个关于货币、债务以及经济增长理论的完整理论模型，这个模型包括消费者、政府部门和企业三个部门，以及当期产出品、劳动力、货币和债券四个市场。从三部门收入和支出入手，推导出四个市场达到均衡的条件。他们通过这个模型，表达了这样的基本思想：金融的增长过程是从不发达社会的初始金融制度向发达的金融制度发展，在经济增长中能否最大限度地提高资源利用效率，在一定程度上取决于金融效率。在研究中，他们利用时间因素，从静态模型走向动态模型，从分析静止的经济到增长的经济做出尝试，考察了货币变量和货币存量之间作用与反作用的相互关系。

2. 戈德史密斯的研究

戈德史密斯于1969年出版《金融结构与金融发展》一书，开创性地提出衡量金融结构与发展的流量与存量指标，通过对35个国家前后100多年的统计资料进行分析，对金融结构与发展做出历史纵向和横向比较，是比较金融学的奠基者。他的主要贡献在于①：

第一，对金融结构与金融发展概念的界定及指标选择。他认为，金融结构是一国金融工具和金融结构的形式、性质及其相对规模。戈德史密斯创造性地提出了衡量一国金融结构的8个指标，并对其中最重要的金融相关比率（FIR）的推导过程和计算方法进行了详细叙述。金融相关比率是一定时点上的金融资产与国民财富之比，根据几十个国家近百年的资料进行相关数值，他认为：FIR有进一步提高的趋势，但提高是在一定范围内的，到达一定高度后会趋于稳定值；发达国家的FIR明显高于发展中国家；FIR与通货膨胀率成反比关系，与经济发展水平成正比关系。

第二，对发展中国家经济发展问题的关注。在选择的35个样本国家里，除了发达国家外，戈德史密斯选择了很多发展中国家进行研究，并特别对发达国家与发展中国家之间金融发展的差别进行分析，

---

① 戈德史密斯．金融结构与金融发展．上海：三联书店，1994：28－30.

认识到在金融发达国家融资成本要明显低于欠发达国家。发展中国家在学习发达国家金融发展经验的过程中，更应该重视金融工具与金融结构的技术方面的引进，而具体的种类及地位是由经济因素决定的，不能简单地模仿照搬。

第三，对金融结构与发展方面规律的探寻。戈德史密斯依据一定的指标，将世界各国的金融结构大概划分为三种类型：第一种类型的特点是金融相关比率较低，债权凭证远远超出股权凭证居于主导地位，在全部金融资产余额中金融机构所占比例低，商业银行占据了突出地位。第二种类型的特点是金融相关比率比较低，债权凭证仍然大大超过了股权凭证，银行仍然在金融机构中居于主导地位。它与上一种结构的主要区别在于：政府和政府金融机构发挥了更大作用，从而体现出混合型特色。第三种类型的特点是金融相关比率较高，在 1 左右（即它的金融资产总额与国民财富相等），然而金融相关比率有一个相当大的变动范围，有时也可能上升到 2 的水平；尽管债权仍有所上升，金融机构在全部金融资产中的份额也已提高，金融机构日趋多样化，这导致了银行体系地位的下降以及储蓄机构和私人及公共保险组织地位的上升。

戈德史密斯所探索和采用的研究比较金融问题的基本方法是对传统方法的重要突破，至今仍得到广泛应用。他创造的相关指标，如金融相关比率等，至今在研究金融发展与金融深化中仍在使用。在今天看来，他的研究仍然是开创性的，有许多经验值得我们借鉴。

3. 麦金农和肖的贡献

1973 年，爱德华·肖和罗纳德·麦金农分别出版《经济发展中的金融深化》和《经济发展中的资本与货币》，标志着“金融深化”理论的正式建立。尽管这一理论经过后人的不断补充后更加完善，但两人对金融理论的贡献和影响是不言而喻的，主要表现在以下几个

方面：①

第一，两人强调了金融在经济发展中的重要作用，在金融发展理论中第一次将金融作为独立的行业与经济发展紧密联系在一起，详细分析了金融部门对经济发展的各种影响，改变了传统经济理论对金融的忽视。他们认为，金融发展与经济进步是有密切关系的，有利于处于抑制中的经济摆脱困境，金融处于经济发展中的核心地位。如果出现金融抑制现象，将阻碍经济发展。

第二，两人的理论批判了传统的新古典学派和凯恩斯学派关于货币与实物资本是相互竞争的替代品的观点，认为在落后地区的经济发展中存在“内源融资”，因此必须进行货币积累才能做到有效地增加投资并扩大生产，那么落后地区货币和资本是具有互补性的。他们还批判了落后地区盛行的结构性通货膨胀理论，认为在经济发展和结构调整的过程中，通货膨胀是可以避免的，金融体系和实体经济可以在物价稳定的环境中共同发展。在政策主张上，他们反对凯恩斯学派关于低利率刺激投资的政策，也反对货币学派过分控制货币发行的政策，主张金融自由化和提高利率，在增加货币需求的同时扩大投资规模，优化投资结构，保持经济的快速稳定增长。同时，认为应该尽量减少政府人为的干预，主要发挥市场机制的作用，对发展中国家的改革而言具有重要意义。

第三，两人指出，在发展中国家“割裂性”经济结构中，资本报酬率在不同的部门、不同的地区和不同规模的企业之间是存在差别的。经济发展的目的是消除这种差别，提高整个社会的资本报酬率。因此，他们反对将经济发展作为“生产力均等的同质资本的积累”，认为发展中国家应该大力发展中小企业，而不能只依赖大型企业的发展。

第四，两人分析了依赖外资和外援的危害，指出那将会减弱本国

---

① 胡庆康．现代货币银行学教程．上海：复旦大学出版社．2001.

的经济基础，导致本国金融抑制的加剧。对此他们的政策主张是自主发展，充分发挥金融机构的作用，全力挖掘本国的资金，避免过分依赖外资带来的市场性经济波动。

（二）麦金农、肖的金融深化理论模型

传统货币理论认为，利率和投资存在负相关关系，货币与实际资本是相互竞争的替代品。当利率提高时，人们就会把资本转化为货币，减少相关投资；当利率降低时会增加投资，这就是货币与实际资本之间的“替代效应”。麦金农和肖认为，这种适用于发达国家的货币理论并不适用于发展中国家的。

在发展中国家，提高利率反而刺激投资，降低利率却压抑投资，利率与投资成正比关系，麦金农将此称为“渠道效应”。基于以上观点，麦金农认为①，在发展中国家，货币需求是由以下几个因素决定的：实际国民生产总值 Y、实际投资 I 和实际存款利率 $d-p^*$（d 为名义存款利率，p^* 为预期的物价变动率），因此货币需求函数是：

$$M/P=f(Y,I,d-p^*) \tag{1.1}$$

其中，M 是货币存量，P 是价格水平，M/P 是实际货币存量。货币供应对投资、储蓄都有直接影响，那么投资函数为：

$$I/Y=f(r^t,d-p^*) \tag{1.2}$$

其中，r^t是实际资本的平均收益。对函数 1.1 求偏微分，可以得到两个基本表达式：

$$\frac{\partial(M/P)}{\partial(I/Y)}>0,\frac{\partial(I/Y)}{\partial(d-p^*)}>0 \tag{1.3}$$

---

① 罗纳德·麦金农．经济发展中的货币和资本．上海：三联书店，1988.

式（1.3）表明，实际货币存量与投资呈正相关关系，也就是投资率越高，实际货币存量就越大，说明货币和实际资本具有互补性，并非实际资本的替代物；投资与实际利率水平也呈正相关关系，实际利率越高，货币需求就越大。麦金农写道："虽然存在货币的渠道效应，但在特殊情况下，货币同实质资本之间的传统竞争资产效应，还是存在的。"他认为货币渠道效应的发挥是有一定限度的，即持有货币的实际收益不应该高于社会的平均收益率，一旦实际存款利率超过一定限度，人们会宁愿继续持有现金，而不愿投资。这时"渠道效应"由"替代效应"所取代。

而肖认为，对于整个社会而言，货币是金融体系的一种债务，而不是社会财富。这种债务在整个社会经济中发挥着各种媒介的作用，一方面降低生产和交易的成本，节约了社会资源；另一方面提高了生产率，增加收入，促进了储蓄和投资，推动了社会再生产过程的顺利进行，因此货币对经济的进步与发展发挥了巨大的作用。他认为这种理论与传统的货币财富论有根本区别，更适合对发展中国家的分析。据此，肖的货币需求函数为：

$$M/P = f(Y, V, d - p^*) \qquad (1.4)$$

其中，Y 为国民生产总值，V 为持有货币资本需要付出的成本，$d - p^*$是实际利率。从该式可以看出，肖认为财富的实际收入会对一个国家的储蓄产生影响。由于持有货币需要付出一定的机会成本，那么在成本过高的情况下，人们会持有其他资产而放弃货币。也就是当利率升高时，会促使人们放弃货币资产转而投资，投资水平上升，国民收入增加。

麦金农和肖在分析方法上存在差别，但是在理论框架和政策倾向上是一致的，其理论模型可以用图 1-1 说明。图中的纵轴表示利率 r，横轴表示储蓄和投资，分别用 S 和 I 表示。$S(Y_0)$、$S(Y_1)$、$S(Y_2)$分别指国民收入为 Y_0、Y_1、Y_2时的社会储蓄曲线。I 为投资函数曲线。CC 为“金融抑制线”，也就是政府将利率规定为 r_0，将实际利率人为地压低，低于均衡利率水平。这种政府干预行为，使资本投资不足，投资效率降低，必然会严重阻碍经济发展。在这种情况下，假如政府放松管制，使实际利率从 r_0上升至 r_1，会使社会储蓄从 S_0增加到 S_0'，从而使社会投资由 I_0提高到 I_0'，直接导致国民收入由 Y_0增加到 Y_1。随着国民收入的增加，储蓄曲线会相应地右移至 $S(Y_1)$，又推动了投资。因此，利率的上升使整个社会的投资率和投资效率大大提高，具有明显的乘数效应。

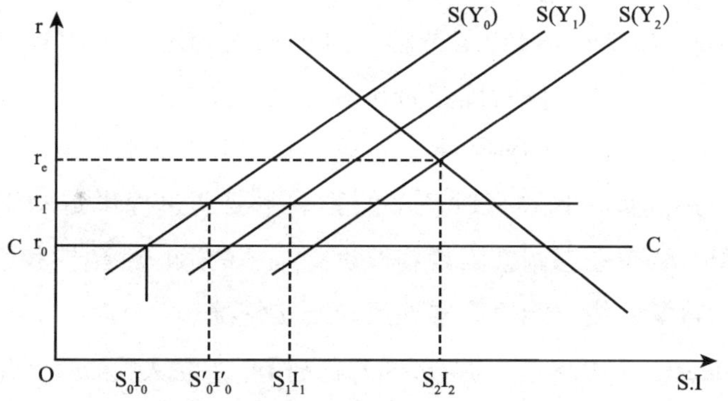

图 1－1　麦金农和肖的理论模型

假如政府完全放松管制，由市场完全决定利率高低，使实际利率可以达到均衡水平 r_e，实际储蓄和投资还会得到进一步提高，并可以引起国民收入大幅增加。① 因此，政府有必要放弃对金融市场的过度干预和管制，取消人为对利率和汇率的限制，使其能完全反映市场的供需状况，来刺激储蓄和投资，实现金融体系和经济发展之间的良性循环。

① 胡亮．金融深化与区域发展．北京：经济科学出版社，2006.

（三）金融深化理论的新发展

1973 年以后，金融深化理论在西方经济学界产生了巨大影响，许多经济学家就此提出了各自新的见解，掀起了金融发展理论研究新的高潮。

1. 第一代麦金农—肖学派

20 世纪 70 年代中期到 80 年代中期，以 Kapur，Mathieson，Galbis 和 Fry 为代表的一批学者基于麦金农—肖的研究框架，对金融深化理论进行了实证分析和扩充。

Kapur（1976）① 研究了劳动力过剩而且固定资本闲置的欠发达国家金融深化问题，认为固定资本和流动资本之间的比例是一定的。在存在闲置固定资本的前提下，企业能获得多少流动资金是决定产出的重要因素，而商业银行对经济的影响主要通过提供流动资金来实现。他引入两个动态调整因素：通货膨胀率的适应性预期和增大了预期的菲利普斯曲线，能更真实地反映现实情况。

Mathieson（1978）与 Kapur 的观点相似，也从投资数量角度分析金融深化的影响。但是他假设所有的固定资本都得到充分利用，也就是说不存在闲置资本，且企业不仅需要通过银行借入部分的流动资本，还需要借入部分固定资本。他指出，经济增长最终是由银行贷款供给决定的，而贷款供给在很大程度上受存贷款实际利率的影响。为了实现经济平稳增长，必须使实际利率达到一般均衡水平。

Kapur 和 Mathieson② 根据各自的研究，得出了颇具影响的Kapur－Mathieson 模型，即企业总的可利用资本的净增长量以实际价格计量为：

---

① Kapur，B. K.，“Alternative Stabilization policies for less-developed economics，” Journal of political Economy，Vol. 84，No. 4，1976，pp. 777－796.

② Mathieson，D. J.，“Financial Reform and Stabilization policy in a Developing economy，” Journal of development economics，Vol. 7，1980，pp. 359－395.

$$\Delta K = [1/(1-\sigma)] \times [\Delta L/P - \Delta P\theta(1-\sigma)K/P] \qquad (1.5)$$

其中，K 是总可利用资本，σ 是产出与资本的比率，$\sigma = Y/K$，L 是银行贷款，P 是价格水平，θ 是银行提供信贷占所消耗的流动资本的重置成本的固定比例。那么 $\Delta L/P$ 是银行贷款的实际增加量，$\Delta P\theta(1-\sigma)K/P$ 表示用于补偿流动资本实际损耗。以哈罗德—多马模型为基础，从式（1.5）可以看出，以实际价格计算的银行信贷的供给变化会影响经济增长速度，以此揭示了银行信贷变化与经济增长的关系。

Galbis（1977）① 以发展中国家经济的分割性假定为基础，认为因为发展中国家因为低效部门占用的资源难以向高效部门转移，使不同部门之间投资收益率不一致，导致资源配置效率低下。他认为金融在经济发展中作用很强，但必须实现高的实际存款利率，使低效部门增加储蓄，资金能通过银行中介流入高效部门，实现经济发展。而金融资产实际利率过低，会加剧经济的分割，是金融抑制的表现，因此金融中介的作用是很重要的。

Fry（1982）② 认为，投资的规模与效率是经济增长的决定因素，在发展中国家，货币金融在很大程度上影响着投资规模与效率。鉴于发展中国家资本稀缺的局面，难以实现有效投资，限制了投资规模的扩大和投资效率的提高。他通过储蓄函数和投资效率模型创造出金融发展模型，说明了提高实际利率对经济增长具有双重效果，即扩大投资规模和提高投资效率。

第一代麦金农—肖学派的研究重点是实际利率对投资效率的影响，直接或间接要求取消利率管制，提高实际利率水平，以最终提高

---

① Galbis, V.,“Financial and economic Growth in less-developed countries: A Theoretical Approach,” Journal of development studies, Vol. 13, No. 2, 1977, pp. 58 – 72.

② Fry. M. J.,“Models of Financially repressed developing economics,” World development, Vol. 10, No. 9, 1982.

投资水平和效率，加速经济增长和发展。

2. 第二代麦金农—肖学派

第二代麦金农—肖学派盛行于 20 世纪 80 年代末 90 年代中期，以 Bencivenga，Levine，Lucas，Smith 和 Greenwood 等为代表人物。他们从效用函数入手，创建了一系列具有微观基础的模型，引入了流动性冲击、偏好冲击等不确定性因素，引入了不对称信息和监督成本等与完全竞争相反的因素，被称为内生金融增长模型，在比较研究的基础上对金融机构及市场的形成进行了分析。关于这部分内容，陈雨露、汪昌云（2006）① 有较为详细的阐释。

Bencivenga 和 Smith（1991）认为，当事人随机的行为以及难以预料的流动性需要，导致了金融机构的形成，因此金融机构的作用是提供流动性。Grennwood（1997）建立模型，指出了金融机构形成的机制，并且指出金融市场存在固定的运行成本或参与成本，导致了金融市场形成时存在一定的门槛效应。只有当经济发展到一定水平，越来越多的人有能力承担这种成本时，交易次数才会增多，金融市场因此形成。Schreft 和 Smith（1998）认为空间的分离和信息沟通的欠缺导致了金融机构的形成，在他们建立的模型中，人们面临迁移的风险，而迁移时需要及时将资产变现，金融机构为其提供了相关的变现服务。Dutta 和 Kapur 的观点与 Bencivenga 的类似，认为人们的流动性偏好与约束推动了金融机构的形成，人们可以持有银行存款，作为流动资产，缓解流动性约束对消费行为的限制。金融机构和金融市场形成以后，一些经济学家对其发展的动态变化过程进行了研究，认为其发展水平会因国内外形势的变化而变化。

内生金融增长模型还解释了金融抑制对经济产生的影响。King

① 陈雨露，汪昌云．金融学文献通论．北京：中国人民大学出版社，2006.

和 Levine（1993）① 指出："金融抑制降低了金融体系向储蓄者、企业家和生产者所提供的服务，这阻碍了经济中的创新行为，并拖慢了经济增长的速度。"在他们建立的模型中，对金融部门征税会降低实际利率而导致成本提高，等同于对创新行为征税，因此降低了金融中介通过成功企业融资得到的净收益，而导致经济增长率的降低。De Gregorio（1992）② 的研究表明，通货膨胀也是金融抑制的表现，因为通货膨胀对于货币持有者而言是一种隐含的税收。高通货膨胀提高了名义利率，降低了消费的有效成本，导致了人们放弃消费选择闲暇，降低了劳动力供给。由于厂商因此提高交易成本而对劳动力的需求降低，直接降低了厂商的收益率。即使在投资率一定的情况下，厂商减少雇佣劳动力也会降低生产率，因此，高通货膨胀会降低经济增长率。

Merton 和 Bodie（1995）从金融功能的视角发展了金融深化理论。他们的研究结果说明，金融体系的形成和发展有利于提供更好的金融服务，如评估潜在投资机会、实施公司控制等，便于进一步的风险管理。因此金融服务效率的高低成为决定因素，在金融机构与经济增长的关系中，更重要的并非金融体系的市场导向型或银行导向型，而在于金融市场能否提供相对完善的金融服务。

第二代麦金农—肖学派对金融深化理论的发展主要是构建了完整的模型，来解释金融机构产生的根源及其在经济发展中的作用，并提出一些新的观点，使已有理论得到丰富。

3. 金融约束论

在对以往金融深化理论的结论和政策进行反思的基础上，新凯恩斯主义学派认为，由于存在市场失灵，信息不对称、外部性、规模经

---

① Robert G. King & Ross Levine（1993）：Finance，Entrepreneurship，and Growth：Theory and Evidence，Journal of Monetary Economics，32，pp. 513 – 542.

② Jose De Gregorio. The Effects of Inflation on Economic Growth：Lessons from Latin America，European Economic Review，36，（2 – 3，April）. pp. 417 – 425.

济和垄断竞争等都将增加市场的不稳定性，政府在金融市场上的作用非常重要。Stiglitz 分析了政府对金融市场监管的控制机制，并根据一定的原则制定了监管的范围和相关标准。在此基础上，Hellman，Murdock 和 Stiglitz 于 1997 年在《金融约束：一个新的分析框架》一书中提出了金融约束的理论分析框架。①

关于金融约束理论的核心内容，他们认为，政府可以实施一系列金融政策在民间部门创造租金机会，也就是创造超过竞争性市场产生的收益，这样一方面可以防止金融抑制，另一方面可以降低银行的风险。创造租金机会是金融约束理论的中心，是指超过竞争性市场的收益，而不是平时我们认为的生产要素收入。所谓的金融政策主要包括控制存贷款利率、限制市场准入、管制直接竞争等，以此进行生产部门和金融部门之间的资源配置，调动生产企业、金融相关企业等生产、消费、储蓄和投资的积极性。政府在其中的作用是积极的，采取一定的政策为金融体系创造条件，进行储蓄动员，保证其努力开拓新的市场，促进金融深化。Hellman，Murdock 和 Stiglitz 指出，尤其对发展中国家而言，如果银行本身资本额较少，经营者即使完全掌握贷款企业的信息，也难以有长期经营的动力，很难做到积极去监督企业贷款的使用去向和企业发展状况，会损害银行和社会公众的一般利益。因此，政府实施金融约束战略是必要的，对金融市场进行干预，对相关银行部门和企业进行监督，同时调动银行积极性，努力克服信息不对称带来的市场失灵问题。

关于金融约束的前提条件，Hellman，Murdock 和 Stiglitz 也进行了探讨。金融约束和金融抑制在一定程度上存在相似之处，假使金融约束的政策实施不到位或被扭曲，金融约束容易向金融抑制转变。要想达到金融约束的效果，一定要具备相关的条件，最重要的是要有稳

① 托玛斯·赫尔曼，凯文·穆尔多克，约瑟夫·斯蒂格利茨．金融约束：一个新的分析框架．经济导刊，1997（5）．

定的宏观经济环境，保证低通货膨胀率和正的实际利率。在这种前提条件下，政府对银行和企业进行适度干预，才能促进其行为更符合市场要求。从根本上看，金融约束和金融抑制是存在本质区别的，前者主要是创造租金机会，而后者则只是实现租金转移，两者是完全不同的。金融抑制主要是在政府控制下造成高通货膨胀，使财富由家庭部门转移到政府部门，政府从民间获取资源，由此成为各个利益主体的寻租目标。企业的主要任务不是进行生产性投资，而是通过各种手段获得租金份额。金融约束则是为民间部门创造租金机会，尤其是对金融中介而言，可以增加福利和收益。这些租金机会是银行存贷款利差形成的，银行扩大存款基数和贷款份额获得租金，以此促进金融深化。

关于金融约束的效应，Hellman，Murdock 和 Stiglitz 一致认为在发展中国家，尽管资本要求是避免发生道德风险的重要工具，但是控制存贷款利率比控制银行资本更为有效。因为在金融约束的前提下，银行只要吸收到更多存款就可以获得租金，这样会促使银行积极寻找存款。如果政府在这个时候制定市场准入机制，会促进银行加强投资，建立更多的储蓄机构，吸引储蓄，并增加资金供给，成为金融深化重要的组成部分。因此，金融约束在一定程度上可以促进金融深化的发展和进步。同时，他们指出，金融约束可以促进资金配置的合理化。适度的金融约束可以将银行之间的竞争与政府的行政引导相结合，形成优化的银行良性竞争以及适度的贷款控制政策。经营状况良好的企业得到贷款，银行降低贷款风险，贷款者和借款者的双方利益同时得到了保障。

从根本上来看，金融约束是发展中国家从金融抑制向金融自由化过程中的过渡阶段，是针对发展中国家在经济转轨过程中存在的信息不对称、监督成本过高等问题而提出的，发挥政府在其中的作用。因此，金融约束并非与金融深化对立，而是对金融深化理论的进一步丰富和发展。

二、农村金融理论

农村金融是金融理论的重要组成部分，在发展中国家的农村金融领域，主要有三种不同的理论：农业融资理论、农村金融市场理论以及随着信息经济学发展而来的不完全竞争市场理论。

（一）农业融资论

农业融资论，又被称为农业补贴信贷理论，20 世纪 80 年代以前，它占据了农村金融界主导地位。该理论重要的前提假设是：农村居民尤其是特别贫困的阶层一般没有储蓄能力，农村面临的最大问题是资金不足。农业产业具有特殊性，如收入不确定性、投资长期、低收益性等，导致商业银行为了追求利润最大化而放弃农村居民的融资。在这一假设下，要想保证农业生产的顺利实行和贫困的缓解，有必要加强外部资金的注入，并建立专门的非营利金融机构进行资金分配，融资利率应低于其他产业，以保证农业与其他产业之间收入差距的缩小。该理论同时认为，以高利贷为特征的非正规金融活动不利于农业生产的发展和贫困的消除，政府应该在农村设立银行的分支机构和信用合作组织，扩大在农村的融资。

帕特里克（Patrick）① 在《经济发展和文化变迁》中曾经指出，在金融发展和经济增长的关系上，有两种研究方法：一种是“需求追随”型，它强调的是金融服务的需求方，也就是说，经济主体对金融服务的需求，导致了金融机构、金融资产与负债和相关金融服务的产生。另一种是“供给领先”方法，它强调的是金融服务的供给方，金融机构、金融资产与负债和相关金融服务的供给先于需求。农

---

① Patrick H T. Financial Development and Economic Growth in Underdeveloped Countries. Economic Development and Cultural Change, 1966, 14 (2, 1): 174 – 189.

业融资论主要强调“供给领先”的策略，发展中国家在这一背景下采用相应的措施，扩大了农村的政策性资金投入，对农村经济发展产生过积极的推动作用。

但是，事实上即使最贫困的农户也有储蓄需求和动机，储蓄机会少、激励机制不足，导致农村过度依赖政府外部资金，可资金回收率低，资金流向农村偏富裕户等问题突出，扭曲了农村金融市场，降低了农村自我发展能力。另外，农业信贷补贴在一定程度上挤出了商业金融，农村信贷机构缺乏放款动力，缺乏可持续发展能力，缺乏经营活力，许多国家农村金融陷入发展的“瓶颈”。因此，仅仅依靠农业融资理论难以建立一个高效、有序的农村金融市场。

（二）农村金融市场论

20 世纪 80 年代后期，农村金融市场理论逐步取代了农业融资论。该理论强调市场机制的作用，认为农村居民具有储蓄能力，没有必要依靠外部资金；长期的低利率政策会打击居民储蓄的积极性，阻碍了金融发展；对政府资金的过度依赖，将导致贷款回收率低，最后仍然是政府对其“埋单”；农村资金机会成本较高，那么非正规金融机构的高利率在一定程度上具有存在的合理性。①

相应的政策主张有：一是政府没有必要干预农村金融市场。二是农村金融机构的主要功能在于金融中介，进行储蓄动员是核心。为了实现刺激储蓄、促进经济增长和金融发展，利率必须由市场决定，实际利率不能为负。三是没有必要实行专门的贷款目标制度。四是判定农村金融机构是否成功，主要以经营目标和可持续性为依据。五是对金融机构应放松管制，鼓励充分竞争。六是非正规金融机构具有存在合理性，应充分利用正规金融与非正规金融结合下的农村金融市场。

① 张晓山，何安耐．农村金融转型与创新—关于合作基金会的思考．太原：经济出版社，2002：50－79.

农村金融市场理论是金融深化理论在农村金融领域的应用，完全依赖市场机制，强调利率市场化，认为这样可以使农村金融中介机构得到合理的成本补偿，不但能给金融机构带来一定利润，还能起到动员储蓄的作用，使农户合理管理和使用资金，对指导市场经济下的农村金融发展起着积极作用，至今仍然在许多国家占主流地位。但是，取消政府的信贷补贴能否真正改变农村金融机构低效的状况，实现利率市场化能否使农户真正得到等同市场利率的贷款而不需要求助于非正规金融，这些仍然是值得怀疑的。

（三）不完全竞争市场理论

20 世纪 90 年代以来，东南亚等国发生严重的金融危机，表明市场机制的作用不是万能的，培育有效率的金融市场，依然需要一些非市场的、社会的因素介入，合理的政府干预是必要的。农村金融的相关理论也因此发生了相应变化，即不完全竞争市场理论逐步成为理论界的焦点。

Stiglitz 和 Weiss（1981）认为，发展中国家的金融市场不是完全竞争的市场，在信息不对称的前提下，如果完全依靠市场机制难以形成一个社会所需要的金融市场。即使在完全竞争的市场中，信贷配给也不能消除，因为在信息不对称的情况下会存在逆向选择和道德风险。为了弥补市场失灵，有必要采用诸如政府适当干预金融市场以及借款人的组织化等非市场手段。他强调政府在金融市场中作用十分重要，因为存在市场失败。Stiglitz 概括总结了金融市场失败的表现方面，并据此提出相关的政策建议：一是金融市场发展的前提条件是宏观经济形势的稳定；二是在金融市场发展到相对成熟的阶段之前，与利率自由化相比，应该用行政手段保持实际利率为正的，并有效抑制贷款利率的增长，放松利率管制；三是在不损害商业银行利益的范围内，政府提供一些针对特定部门的低息贷款是有效的；四是为了改善贷款回收率低的问题，政府可以组织借款人组成联保小组，或鼓励成立互助合作组织，可以适当避免农村金融市场信息不对称带来的问题；五是融资与实物买卖的方式能很好地确保贷款回收；六是为了促进金融机构发展，政府应给予一定的特殊政策限制竞争，以保护现有参与者的利益；七是关于非正规金融机构的发展，政府应该加以引导，以保证其市场效率的提高。①

发展中国家农村金融市场上的小额信贷模式是以不完全竞争市场理论为基础的，强调解决农村金融市场信息不对称问题和交易成本高的问题，不同于以前单纯的向农户提供信贷资金，在孟加拉国、印度等国取得了长足发展，在一定程度上为解决农村融资困难问题提供了新的思路。

三、一般政府行为理论

诺斯曾经说："国家的存在是经济增长的关键，然而国家又是人为经济衰退的根源。"政府本身是一个经济活动主体，作为"经济人"，是按照利益最大化对自己的行为进行判断和选择，既能促进经济发展，又能阻碍经济进步。正确认识和处理市场与政府之间的关系，成为各国政府和经济学家共同面对的焦点。

（一）政府干预经济的一般原理

西方经济学关于政府在经济中的作用的争论，持续了200多年的历史。从亚当·斯密的《国富论》，到凯恩斯的《通论》，到新古典经济学家重新主张恢复自由主义，再到新干预学派的探讨，政府干预经济的争论一直没有停止过。

1. 持续长久的争论话题

亚当·斯密1776年发表《国富论》，认为价格机制这只"看不

① 斯蒂格利茨，格林沃尔德．通往货币经济学的新范式．北京：中信出版社，2005.

见的手”可以起到很好的调控作用，政府不应该干预经济，只需要扮演“守夜人”角色。尽管在此之后的一段历史时期内，有汉密尔顿、亨利·卡特·亚当斯等人与其进行思辨，但亚当·斯密及其自由主义理论的地位是不可撼动的。直到大危机出现，1936年凯恩斯发表《通论》，站在对立面宣扬政府干预思想，被认为是经济学理论的分水岭，标志着政府干预理论开始进入鼎盛时期，成为西方经济学的主导学派。他主张政府运用财政政策和货币政策干预经济活动，以解决经济危机和失业问题。福利经济学派的代表人物庇古对边际私人成本与边际社会成本进行比较，提出“外部性理论”，成为政府干预经济的重要依据。他认为市场中人们决策时只会考虑自己的私人成本，而不涉及由此产生的社会成本。当私人行为的成本和收益不均衡时，资源难以得到有效配置。此时，政府干预成为必要和可能的矫正措施，以弥补市场机制的不足。同时，他意识到，不能完全依靠政府去实现最优化的资源配置，政府干预在一定情况下可能会更糟糕。

20世纪80年代以来，滞胀的出现使政府干预的弊端暴露无遗，在弗里德曼、拉弗尔、科斯、布坎南等新古典主义经济学家的影响下，市场机制的作用被重提。他们普遍认为政府干预是低效率的，人们需要的公共服务产品等供给明显不足，他们提出与市场失灵对应的政府失灵理论，强调恢复自由主义下的市场经济。进入90年代，以斯蒂格利茨为代表的新干预主义学派与新古典经济学派展开讨论。长期的争论过后，大家普遍认为，市场失灵的存在为政府干预提供了可能，但市场机制的作用却是政府难以替代的，矛盾的焦点逐步演变为政府为什么干预、什么时候干预、怎样干预等问题。斯蒂格利茨(1992)① 以政府的两大显著特点——拥有普遍性的社会成员、拥有其他组织所不具备的强制力为出发点，认为市场失灵具体表现为公共产品、外部性、垄断尤其是自然垄断等，而这些市场失灵现象就基本

① 斯蒂格利茨．政府在市场经济中的角色．北京：中国物质出版社，1998.

上界定了政府活动的范围。之后，众多学者纷纷就政府干预进行思考，在经济学、政治学、社会学、管理学等不同角度对政府行为进行深入探讨，并展开讨论。

对政府行为进行定位的过程复杂而又重要，市场失灵和政府失灵是对其定位的两种极端表现。如今，人们普遍接受政府和市场都是不可缺少的观点，政府行为的理想状态是以最小的干预实现最大的市场效果。

2. 政府干预行为的一般原理

一般政府干预行为以公共选择理论为基础，以“经济人”假设为前提，认为政府和市场是互补的两种机制，将市场中的个人行为与政府的公共选择行为结合在一起，对政府决策行为及公众选择行为等进行分析。

关于政府干预经济的原因，从宏观来看，理查德·马斯格雷夫在《公共财政理论》中的观点被普遍接受。他曾经指出，政府干预经济的作用主要表现在三个方面：一是稳定经济，实现充分就业；二是调节收入分配，实现公平与效率的结合；三是进行资源配置，实现资源使用的高效化。从微观来看，斯蒂格利茨的观点被普遍接受，他将经济分为生产和消费两个方面，将消费的产品分为私人产品和公共产品。在私人产品方面，政府不应该直接介入，而是间接提供服务进行生产；在公共产品方面，政府要么直接进行生产，要么通过政府采购的形式从私人部门进行购买。

关于市场失灵的类型，一般被认为包括外部性失灵、垄断性失灵和公共性失灵，也有人认为还包括宏观性失灵和社会公平失灵。市场机制通过价格杠杆实现优胜劣汰的竞争机制，使企业在市场上处于自动调节的状态下，这种机制的作用是巨大的。但是，市场交易中存在外部性，当边际社会净产品低于边际私人净产品时，导致资源配置失误，必须由政府出面干预，对产生外部有害的经济活动课税，减少外部性。公共性失灵主要源于公共物品的非竞争性和非排他性，导致

“搭便车”现象，即“理性经济人”不愿为公共物品的生产做出贡献，或者试图隐瞒对公共物品的偏好。因此，政府接手公共物品的生产，利用税收资金将其交付给相关企业生产，而不能由市场组织生产。垄断性失灵主要表现为市场由少数几家企业甚至独家垄断，他们可以完全操纵价格、控制产量，破坏完全竞争市场下的均衡，使资源和财富迅速集中在少数人手中。对于垄断相关行业，必须由政府直接经营或特许经营，或实时监督垄断企业的价格、产量、利润和质量等。① 目前世界上包括西方发达国家在内的大部分国家和地区，其经济发展与政府行为的关系越来越密切，是在政府调控下的市场经济机制，成为现代经济的重要特征。萨谬尔森在其著作《经济学》② 中，将这种模式称为混合经济，“我们的经济不是纯粹的价格经济而是混合经济；在其中，政府控制的成分和市场的成分交织在一起来组织生产和消费。”

（二）政府干预经济模式的变革

随着经济发展时代的变革，以及对经济发展中政府行为研究的不断深入，20 世纪 70 年代以来，全球范围内展开了一场关于改革政府治理理念的浪潮。这不但是对以往政府干预经济模式的反思，也是对新的时代变革的积极响应，这就要求必须打破以往官僚体制下的模式，如公共服务的垄断供给、权力的过度集中、等级与层级严格等。国内学者陈东琪（2000）③ 对此形成了一套较为完整的理论体系。

政府干预经济模式的变革，是对政府地位的重新定位，是对公共选择理论的重新认识。鉴于政府本身存在的局限性，政府在试图弥补市场缺陷的同时会陷入另一种缺陷，也就是所谓的政府失灵，主要表现在公共政策的失效、内部性与政府扩张、公共物品供给的低效率以

---

① 斯蒂格利茨．公共部门经济学．北京：中国人民大学出版社，2005.

② 萨缪尔森，诺德豪斯．经济学．北京：华夏出版社，1999.

③ 陈东琪．新政府干预论．北京：首都经贸大学出版社，2000.

及政府干预的副产品腐败等。新的政府行为理论，其核心是政府的职能及其边界、政府组织与市场组织的关系、政府组织与公共组织的关系研究，是一种多层次的新理念。这种理念首先从公共产品的性质分析入手，重新对政府行为在公共产品生产中的范围进行界定，选择多种组织和形式提供公共物品的生产和服务。因为政府本身存在垄断性、有着官僚组织的自利性，有着面对环境的不确定性以及信息不对称性，在这些约束条件下政府难以将资源配置达到最优化状态，会出现公共物品供给不足或过度的问题。因此，选择多种组织形式提供公共物品及服务将会成为更有效的途径。其次，这种理念引入政府内部市场化及准商业化的思想，通过竞争机制来提高政府提供公共物品的效率。通过内部市场化及准商业化的制度设计，可以在一定程度上改善由政府独家垄断带来的服务效率、品质下降的问题，可以增加外部压力，引入成本控制机制，在政府部门内部实现商业化运作。再次，通过中介组织、外包、民营组织等方式，实现多样化的公共物品和服务的生产组织，使多种组织与政府部门一起肩负干预经济的责任。政府一方面需要进行自身内部改革，将市场机制逐步引入；另一方面将部分公共产品的生产让给社会组织承担，由政府监督，提高生产效率。政府干预经济的模式变革，主要是围绕最大限度地发挥市场机制的作用而展开的。总结当今政府干预经济模式的特点，除了政府运用宏观经济政策或手段对经济进行干预以外，政府还需要在微观上为解决部分的市场失灵制订相关政策和法律，以公共利益及合理的个人利益，避免由于盲目的经济决策带来的损失。另外，在微观管理上，政府会站在出资人的角度对国有企业进行直接或间接的管理，一般手段为行政命令或直接介入或参与企业的公司治理结构。在西方国家，政府进行微观管理的比例很低，而在我国，政府行为的比重较大，这是由不同的经济体制决定的。

四、区域经济政策理论

一个国家在经济发展过程中会出现问题区域，如萧条区域、落后区域或膨胀区域等，这些区域层次的问题相互作用的结果是区域间发展水平出现明显的差距。区域经济政策一般是针对这些问题区域和区域差距，是政府在地域意义上对经济社会生活的干预，会在一定程度上导致利益的空间转移。

（一）自由主义理论与干预主义理论

区域经济政策是针对区域经济发展过程中出现的问题的政府公共干预。政府行为在解决问题的过程中有没有必要，主要集中于两大理论学派的争论，即自由主义理论与干预主义理论。①

1. 区域经济研究中的自由主义理论

自由主义理论是20世纪30年代以前西方经济学界盛行的思想。在大危机爆发之前，人们普遍认为，经济发展在区域分布上看是完全由自然条件决定的，政府行为对此的任何干预都是无效的。而区域经济发展出现的非均衡状态只是暂时的，经济体系会自动实现区域均衡发展状态，因此政府没有必要进行干预。

自由主义理论以新古典理论的两大基本观点为基础，即“供给自动创造需求”和“工资决定于劳动的供给和需求”；有三个基本假设前提，即完全竞争市场，资本、劳动等生产要素可以充分流动，生产要素可以充分就业。经济行为主体最基本的分为劳动力、企业和资本所有者，其中企业是最基本的单位，是资本的购买者和产品的供给者。在既定前提下，市场机制可以实现自动调节，能保持充分就业的均衡状态，不会出现生产过剩的局面，因而实施自由放任的经济政策

① 张可云．区域经济政策．北京：商务印书馆，2005.

成为必然，市场由“看不见的手”自发调控，不存在政府干预的必要性。

在这一过程中，企业追求利润最大化，不仅要确定劳动、资本等生产要素的需求量，而且还要确定在哪个区域可以实现这个目标。一般来说，企业自然倾向于投资能得到最大利润的地区，那么如何进行工业用地的区位选择是企业利润的主要因素。假设新古典理论的前提条件都得到满足，如果国内外对某个区域生产的产品需求提高了，该区域劳动力与资本的需求增加，产品收益增加，劳动力和资本因此从其他区域流向该区域。这种流动会维持到新的均衡形成为止，企业家不再有动力去改变生产要素的区域分布，要素供给的流动也不再进行。

这种理论认为企业有能力确定区位的成本及相关利润，根据韦伯的工业区位选择理论，对运输费用最低的区位和劳动力费用最低的区位进行对比，如果企业改变区位增加的运输成本高于节约的劳动力成本，那么企业没有必要迁移，反之才会选择从运输费用较低的区域转移到劳动力费用较低的区域。同理，如果收入出现区域差异，劳动力和资本也会有选择地在区域之间流动。自由主义者宣称，这种流动会自发进行，直到保持区域间的就业与收入实现均衡为止。

总之，自由主义认为劳动力和资本在区域之间是自由流动的，资源可以自动达到最优配置，企业可以选择最优区位，从而能消除区域发展差距，实现区域均衡发展和区域格局的平衡状态。政府的干预只会降低效率，是完全没有必要的。

2. 区域经济研究中的干预主义理论

自由主义对政府干预全盘否定，认为政府干预对个人自由产生威胁，导致经济退步等。但是20世纪30年代的大危机向世人宣布了自由主义的破产，并助长了政府干预主义的盛行。干预主义理论认为，自由主义的基本假设前提是完全不切实际的，因而基本理论不能成立。

作为一般政府干预主义理论的代表，凯恩斯认为失业和经济危机的根本原因是有效需求不足，其中消费需求不足是由于消费倾向较低导致的，投资需求不足是因资本边际效率较低形成的。他建立了一套就业、工资、物价理论与经济周期理论，认为只有依靠国家力量干预，才能从根本上解决有效需求不足的问题，而仅仅依靠市场机制是不够的。同时，他也意识到政府干预与自由主义的对立，曾经指出，对经济进行国家干预是对个人自由主义的极大冒犯，但却是可以避免现行经济形态全部毁灭的唯一切实可行的办法。

首先，关于该理论在区域经济学中的应用，干预主义者认为，自由主义理论中企业家区位选择理论是难以成立的。一方面，企业家难以做到对区位的各个因素进行科学分析，且在进行区位选择过程中，不仅会考虑劳动力成本和运输成本，还存在诸多因素，如社会与心理因素。在这种情况下，工业区位的选择对企业和社会公共而言并非帕累托最优，区域之间的均衡也就难以自动生成。相反，政府干预下的经济活动布局应该是更为理想、更接近最优的。另一方面，企业在确定工业区位以后，由于外部性经济的存在，即使并非最优区位，企业也不会轻易选择迁移。因为一旦企业确定其区位选择，外部经济的存在会使该区域好过一些从来没有得到任何开发的区域，那么企业由此获得的利润会超过在其他更好区位所获得的利润。此时企业的决策并非得到纠正，而是一直维持下去，除非率先在这个区域发展获得的利润远远低于其他区域。①

其次，干预主义者认为，区域之间劳动力就业与收入均衡状态的自发形成是脱离实际的。我们所处的是存在区域间劳动力流动的开放经济社会，劳动力必然会从低就业区域流向充分就业区域，从而提高后者的“充分就业上限”，增加该区域的投资水平。由此，一个国家

---

① 曾方．技术创新中的政府行为——理论框架与实证分析．复旦大学2003届博士毕业论文．

的落后地区劳动力成为经济较发达地区资本积累的重要推动因素，新投资会引起产品技术进步和新技术的广泛应用，促进生产率和资本回报率的提高。除非有政府相关手段的干预，发达地区会越来越发达，而落后地区为其做出了巨大贡献，区域差距越来越大，难以实现均衡发展状态。

一般干预理论在区域经济研究中的延伸，主要表现在区域经济政策主张上的应用，如佩鲁提出的增长极理论、缪尔达尔提出的因果循环理论、弗农提出的产品生命周期理论等。他们认为市场机制在一定程度上会扩大区域之间的发展差距，政府对区域经济的干预不可避免，这种干预政策不仅应用于传统的公共产品领域，还应该体现出区域经济政策的“战略性功能”。① 政府采取相关的非均衡发展战略，对经济发展的空间布局产生影响，尤其将会创造各种条件对落后地区经济起飞起到积极的促进作用。因此，许多国家政府干预区域经济的实践证明了政府在区域经济中的作用，一是促进经济发展，二是处理协调区域经济关系。

总之，市场竞争下劳动力和资本的自由流动，不利于落后区域的区域经济发展与结构布局，市场力量难以扭转这种格局与趋势，因而，区域经济研究必须以政府干预主义为基础。

（二）区域经济政策目标的矛盾与协调

区域经济政策目标是政府干预政策制定的基础，也是对政策效果进行科学评价的基本参照。区域经济政策目标的制定是一个长期过程，是多方博弈的结果。同样，区域经济政策目标与实施结果并非一致，各个目标之间存在的矛盾以及协调，也需要多方面共同面对。

---

① 陈家海．中国区域经济政策的转变．上海：上海财经大学出版社，2003.

1. 区域经济政策的主要目标

一般而言，区域经济政策的主要目标是以区域政策的战略选择为基础的。不同的战略将会形成差别化的区域政策目标，例如，当选择充分就业为主要的经济战略时，主要目标是失业率的下降和新工作机会数量的创造；当选择经济结构调整时，主要目标是新产业所占比重和能创造的GDP，以及经济结构变动情况；当选择区域协调发展时，主要目标是区域差距的变化和每个区域内部投资规模及经济增长率。

面对不同的国情，每个国家区域经济政策目标的表述是不一样的，且同一国家在不同时期面临的问题区域和区域问题不同，区域经济政策目标也不同。在区域经济政策实践过程中，每个国家区域经济政策目标的确定都是经历从简单到复杂、从不完善到逐渐完善的长期过程。如英国是最早明确区域经济政策目标的国家，但在不同时期目标有所变化。美国区域经济学家胡佛在20世纪70年代曾经指出，区域政策的最终目标是增进个人福利、机会、平等和社会和谐，因而应该有助于提高人均收入，实现充分就业，为个人提供多元化的工作与生活方式选择，保证收入，并能做到避免收入不平等过大。但是随着区域经济发展，可持续思想逐步渗入，新技术得到广泛应用，区域政策目标的范围在改善，表述方式和以前也会有所不同。

张可云（2005）对近期一些国家运用的重要区域经济政策目标进行了归纳（见表1－1），目标主要是针对问题区域，并不全面，但是我们可以从中看出，一国区域经济政策的总体目标是缩小区域发展差距，并从企业、文化、社会、技术及管理等多个方面确定具体目标。同时我们可以看出，这些目标都是开放式目标，只是规定了政策目标方向，难以量化，在实际操作中将有很多具体的封闭式目标支持这些开放式目标，封闭式目标更容易量化，有利于区域政策效力的事前评估与事后评价，能更好地制订区域经济政策。

表 1－1　　　　问题区域发展政策的主要目标

一级目标	二级目标
通过提高企业生产率创造财富	通过创新提高企业生产水平，促进区域战略性投资，提高区际贸易水平
建立新的区域企业文化	培育区域企业文化，提高新企业成立水平，提高企业成活率，关注增长水平高的企业需要
完善劳动力市场	提高年轻人的热情与水平，提高个人对学习的需求，就业与长期就业能力，开发、保持与吸引高级技术
满足交通、通讯与公共物品需要	改善交通基础设施，提高整个区域的通讯和网络服务能力，建设高质量厂址与房地产
振兴农村与城市社区	改造农村与城市社区，开发文化资产，创建优良环境，管理第三部门

2. 区域经济政策目标的矛盾与协调

区域经济政策从根本上看是中央政府通过各种手段制订相关规则对经济活动的利益在地区之间的再分配过程。然而，由于地方政府与中央政府之间在区域经济运行中的信息不对称，以及各个利益集团对利益的最大化追逐，导致区域经济政策目标与实际实施结果难以达到一致，区域政策成为导致区域利益矛盾的导火索。如何处理好现存的矛盾，协调区域经济政策目标，是我们必须解决的问题。

区域经济政策目标协调需要处理的矛盾主要是，国家利益与区域目标之间的矛盾，总体效率与区域平等之间的矛盾，区域之间目标的矛盾。每个区域都追求个体利益的最大化，这并非意味着国家利益的最大化，在追求各自的经济目标时，经常会出现社会选择不可能满足理性原则，也就是“阿罗不可能定理”。解决这种矛盾，一般要么强化政府干预，要么强化市场机制作用，要么是两者之间的折中。总体效率与区域平等之间也是经济决策者难以两全的问题，区域平等主要指每个区域在经济活动中机会均等，公平竞争，效率可以被认为是投入产出比的最大化。一般而言，在区域差距逐渐扩大、不平等愈演愈烈之时，追求效率的成本会提高，政府应该相当重视平等问题。当资源稀缺时，区域间的目标矛盾在现实中也很常见。中央政府为了协调区域间的目标矛盾，需要制订区域之间资源分配的长期规划，在实现一个区域福利最大化的同时，兼顾到其他地区的福利增长。

以货币政策目标为例，中央银行实施货币政策，一般有四个目标：稳定物价、充分就业、促进经济增长和平衡国际收支等，这些是央行组织和调节货币流通的基本出发点。但是，每个区域在真正执行过程中，并非有中央政府的宏观观念，而更多的是追逐地方资源配置效率。货币政策效力具有非对称性，因此其区域差异较为明显，如何协调货币政策目标，以便更好地确定政府行为的边界与作用，显得尤为重要。

第二章 西部地区农村金融深化的实证分析

一、衡量指标的选取

西部地区农村金融深化的程度，是农村金融发展水平的反映。鉴于农村金融深化的水平是可以量化的，那么相关指标的选择是进行衡量工作的首要任务。指标选择的精确度和准确度，决定了最终农村金融深化程度测算是否准确。

（一）相关文献回顾

对国内外相关文献进行回顾，并吸收前人研究中的精华部分，是本书确定相关研究指标的前提和基础。

1. 国外相关文献

戈德史密斯对金融深化的研究是具有开创性的。他在《金融结构与金融发展》一书中创新地提出衡量一国金融结构与金融发展水平的存量和流量指标，包括金融相关比率、金融中介比率、金融机构发行需求的收入弹性、变异系数等。其中最重要的是金融相关比率（financial international ratio，FIR）和金融资产的构成情况。FIR 表示在某一时点上，现存的金融资产总额与经济活动总量之比，即 FIR = 一国金融资产/同期 GDP。FIR 与其包含的 7 个因子呈正相关关系，即货币化比率、非金融相关比率、资本形成比率、外部融资比率、金融机构、新发行比率、金融资产价格波动和乘数；FIR 与实际收入增长率、物价上涨率和平均资本—产出比率呈负相关关系。而金融资产的构成是银行体系的资产占总资产的比例，在发达的金融体系下，银行资产占总资产的比例是逐步降低的，而更多创新型金融机构资产所占比例不断提高。

肖认为，一国金融深化程度可以从三个方面进行量化：一是金融存量指标，是反映某一时点金融深化程度，主要包括金融资产存量与国民收入之比和金融资产存量的结构特征。这两个指标与戈德史密斯的金融相关比率和金融资产的构成情况如出一辙。二是金融流量指标，是指利用一段时间内金融的发展情况来衡量金融深化程度，主要包括财政投资占总投资的比重、居民总储蓄中银行储蓄所占比例及企业融资中银行贷款所占比例。随着金融深化的加深，以上三个比例均有逐渐缩小的趋势。三是金融资产价格指标。也就是用金融市场上的价格水平来表现金融深化的水平，包括实际利率水平和利率的期限结构。金融深化与实际利率水平呈正相关关系，并可以促进利率期限结构逐渐合理化。

麦金农认为衡量一国金融深化的指标主要有两种：一是实际利率水平，他认为较高的实际利率能真实反映资本的稀缺性，从而提高人们储蓄的积极性并抑制低利率的投资活动，以消除金融抑制现象，进而使经济得到健康的发展。二是货币化程度（M2/GDP），也就是用货币存量占国民收入总量的比重来表示金融深化，而货币化程度的加深是金融深化的基础。在实际运用中，各国比较普遍考察 M1 和 M2 两个层次占国内生产总值的比重，M2 作为货币形态的金融资产，其占名义 GDP 的比重体现一国的金融深化程度，M1 占 GDP 的比重则反映了货币供应量对实际经济过程的作用程度。基于统计上的原因，各国一般采用的是 M2/GDP。

还有 King 和 Levine（1993）使用 BANK 指标对发展中国家进行测度，其衡量内容是存款货币银行在配置国内信贷过程中相对于中央银行来说的重要程度，其计算公式为存款货币银行发放货款总额与存款货币银行与中央银行放贷总和之比。Boulila 和 Trabelsi（2002）、Genevieve Boyreau-Debray（2003）等利用存款余额占 GDP 的比重来衡量金融深化的程度。

2. 国内相关文献

在我国，对金融深化程度的衡量大多是根据国外的研究，结合本国实际情况，创造各相关指标进行研究，如金融相关比率、货币化程度、金融资产构成情况、实际利率水平等。大多学者的研究是大同小异的，常用指标主要是金融相关比率 FIR 和 M2/GDP。

对于中国农村金融发展程度的衡量而言，相关研究并不多。最早的研究始于徐笑波、邓英淘（1994），他们以村社存款与农村国民收入之比来计算农村金融相关比率，试图分析农村信贷资金与国民收入之间的关系。张元红（1999）用行社存款与农村 GDP 之比来衡量农村金融相关比率。但张兵（2000）通过对各年的统计数据进行分析，认为农村金融总资产应该包括农户存款、农业存款和农户手存现金，用三者之和与农村 GDP 之比计算农村金融相关比率，对该指标进行了修正。

宋宏谋（2002）① 首先分析了农村金融机构存款和贷款变动情况，然后估算了农村金融资产。对我国农村金融深化水平进行评估时，首先计算中国金融相关率（FIR）和中国金融货币化程度指标 M2/GDP，然后估算中国农村 GNP 和农村 GDP、农村金融资产和农村 M2，在此基础上测算农村金融相关率和农村金融货币化程度指标。他还创造性地以农村信用社为例，对东部、中部、西部三大地区农村金融发展程度进行了对比，试图描述农村金融发展中的区域差异问题。

姚耀军（2005）② 对 FIR 和 M2/GDP 进行了批评，借鉴 Allen 的观点认为中国是一个明显的银行导向型金融结构，在广大农村地区，资本市场发展非常有限。他指出用农村贷款余额与农村 GDP 之比（RLG）衡量农村金融深化水平较为合理。为了反映农村贷款流向对农村金融和经济的影响，他设计了农村贷款结构指标，即乡镇企业贷款余额与农业贷款余额之比（RLTL）；为了反映农村金融发展的偏向程度，他设计了金融发展偏向指标，即农村存款余额与贷款余额之比（RDL），这个指标越高表示农村资本外流情况越严重。

---

① 宋宏谋．中国农村金融发展问题研究．中国社会科学院 2002 届博士毕业论文．

② 姚耀军．转型中的我国农村金融发展研究．浙江大学 2005 届博士毕业论文．

（二）本书指标的确定

1. 指标的确定

综合考虑戈德史密斯、麦金农和肖的研究，三人衡量金融深化方面的指标在一定程度上大致相同。鉴于指标的异同，结合我国学者的相关研究，并考虑到我国农村金融资产构成较为简单、数据统计较为困难的实际情况，本书衡量农村金融深化程度的指标主要有三个层次：

第一个层次为总量测算，主要衡量指标是农村金融相关比率（FIR）；第二个层次为结构测算，主要包括金融工具资产结构和机构分布，主要用金融机构的分布数量和分布密度来衡量；第三个层次为效率测算，用储蓄—投资转化效率、不良贷款比率、资产盈利率、资本盈利率等指标来衡量。

2. 数据来源说明

我国农村金融改革至今，农村的正式金融安排发展成为由国有商业银行（主要是中国农业银行）、农村政策性银行（主要是中国农业发展银行）和农村信用合作机构（农村信用社）构成的较为全面的金融体系。其中，商业银行自1998年开始逐步从农村金融市场撤出，网点功能萎缩，对农村经济的资金投入迅速缩减，导致农村资金大量外流，支农效率下降。政策性银行业务较为单一，仅仅是粮棉的收购资金贷款，在商业化改革之后无力全面发挥政策性金融的功能；在这种前提下，农村信用社逐步成为我国农村金融市场的垄断力量。自从1996年与中国农业银行脱离关系以来，农村信用社逐步进入了股份制和合作制改革并重的新阶段，成为农村金融的“主力军”。

在进行实证研究的过程中，鉴于这种体系下的农村金融发展状况，有关农村金融机构的数据基本来自中国农业银行、农村信用社和中国农业发展银行，并以农村信用社为主，时间期限为1997～2006年。由于资料的可得性和准确性，中国农业银行中非农信贷资金难以剥离出来进行计算，只能将其作为农村金融机构的资金信贷总量。其他商业银行在农村也有少量经营业务，但难以一一统计计量，只好在整体上进行舍弃。

二、西部地区农村金融深化的程度

西部地区农村金融深化的程度，是农村经济发展在金融领域的重要反映。要想进行政府行为对西部地区农村金融深化的相关研究，必须首先对金融深化的程度和综合水平进行实证分析，与其他区域进行必要的比较研究，并对西部地区农村金融成熟度测算进行尝试性探索。

（一）西部地区农村金融深化的总量测算

1. 农村金融相关比率的测算

对广大农村地区而言，我们采用农村金融机构的存贷款余额之和与农村 GDP 的比率，计算金融相关比率，作为在宏观上衡量金融发展总量水平的基本指标。

在我国，农村 GDP 的数据，国家统计局目前仍没有正式公布，关于对农村 GDP 进行测算的理论和方法仍在讨论之中，一般的核算方法就是按照 GDP 核算，将农村 GDP 看作农村区域各产业部门附加值的总和，并未真正在全国范围内展开计算。在理论方面，熊启泉（1999）① 从农村 GDP 的构成及政府公布的相关数据出发，得出农村 GDP 的估算公式为：农村 GDP =（农林牧渔业增加值 + 乡镇企业增加值 + 农村非物质生产部门创造的增加值）×100/90，并根据现有统计资料对我国 1980～1995 年东部、中部、西部三大地区及全国的农村 GDP 进行了估算。许宪春（2000）② 就 GDP 核算中涉及的农村

---

① 熊启泉．中国农村国内生产总值的估计：理论、方法及实证测算．统计研究，1999（1）．

② 许宪春．中国国内生产总值核算中存在的若干问题研究．经济研究，2000（2）．

工业统计、农村统计进行了研究，并对 1991～1997 年的 GDP 核算进行了修正。朱琴华（2001）[①] 从农村经济改革的客观需要出发，以农村 GDP 的内涵为基础提出展开其核算的一些设想，从农村的地域范围、核算的一般原则及范围入手，用生产法和收入（分配）法对农村 14 个行业增加值之和进行计算。更具创新性的是，她提出了对核算的数据质量进行控制和评估的体系设计，对核算以后的数据给予评价，对其准确性进行估计。

考虑到数据的可得性与计算的方便简易性，本书以熊启泉的研究为基础估算农村 GDP，出于简便与大概估算的考虑，将估算公式变为：农村 GDP = 农林牧渔业增加值 + 乡镇企业增加值，估算过程见表 2－1 和图 2－1。然后根据农村金融机构存贷款余额/农村 GDP 计算农村金融相关比率，计算结果见表 2－2 和图 2－2。

表 2－1　　农村 GDP 的核算　　单位：亿元

指标		全国	西部地区	东部地区	中部地区
1997	农林牧渔增加值	13414	4099	4981	4334
	乡镇企业增加值	15616	1908	9468	4240
	农村 GDP	29030	6007	14449	8574
1998	农林牧渔增加值	14527	3638	6056	4833
	乡镇企业增加值	22186	4760	11937	5489
	农村 GDP	36713	8398	17933	10322
1999	农林牧渔增加值	14457	3589	6108	4760
	乡镇企业增加值	24883	4764	14766	5353
	农村 GDP	39340	8353	20874	10113
2000	农林牧渔增加值	14628	3670	6217	4741
	乡镇企业增加值	27156	6040	15456	5660
	农村 GDP	41784	9710	21674	10401

① 朱琴华．农村 GDP 核算问题探讨．统计研究，2001（1）．

续表

指标		全国	西部地区	东部地区	中部地区
2001	农林牧渔增加值	15412	3795	6611	5006
	乡镇企业增加值	29356	6848	14315	8193
	农村 GDP	44768	10643	20926	13199
2002	农林牧渔增加值	16117	4025	6860	5232
	乡镇企业增加值	32386	6877	16062	9447
	农村 GDP	48503	10902	22922	14679
2003	农林牧渔增加值	17508	4481	7570	5457
	乡镇企业增加值	36686	10119	16280	10288
	农村 GDP	54194	14600	23850	15745
2004	农林牧渔增加值	21225	5425	8835	6965
	乡镇企业增加值	41815	12481	17680	11654
	农村 GDP	63040	17843	26515	18619
2005	农林牧渔增加值	23070	5959	9597	7514
	乡镇企业增加值	50534	8018	23524	13992
	农村 GDP	73604	18977	33121	21506
2006	农林牧渔增加值	24737	8293	10320	8025
	乡镇企业增加值	57955	10784	31314	13857
	农村 GDP	82692	18077	42634	21882

资料来源：根据 1998～2007 年《中国农业统计年鉴》计算整理调整得来。

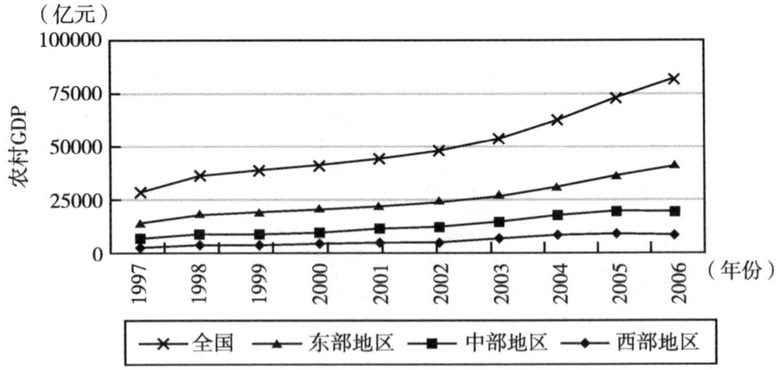

图 2－1　1997～2006 年三大区域农村 GDP 比较

表 2-2　　各区域农村金融相关比率比较　　单位：亿元

指标		全国	西部地区	东部地区	中部地区
1997	存贷款余额	39042	6890	21189	10963
	农村 GDP	29030	6007	14449	8574
	农村金融相关比率	1.34	1.14	1.46	1.27
1998	存贷款余额	47523	9057	27331	11155
	农村 GDP	36713	8398	17933	10322
	农村金融相关比率	1.29	1.08	1.5	1.08
1999	存贷款余额	53627	10335	31024	12268
	农村 GDP	39340	8353	20874	10113
	农村金融相关比率	1.36	1.23	1.48	1.21
2000	存贷款余额	57632	11114	33859	12659
	农村 GDP	41784	9710	21674	10401
	农村金融相关比率	1.38	1.14	1.56	1.21
2001	存贷款余额	65525	13085	38422	15018
	农村 GDP	44768	10643	20926	13199
	农村金融相关比率	1.49	1.22	1.83	1.13
2002	存贷款余额	76499	14877	45163	16459
	农村 GDP	48503	10902	22922	14679
	农村金融相关比率	1.58	1.36	1.97	1.12
2003	存贷款余额	91812	17459	55009	19344
	农村 GDP	54194	14600	23850	15745
	农村金融相关比率	1.69	1.19	2.3	1.23
2004	存贷款余额	105846	20672	62855	22319
	农村 GDP	63040	17843	26515	18619
	农村金融相关比率	1.68	1.16	2.37	1.2
2005	存贷款余额	122515	26946	66897	28672
	农村 GDP	73604	18977	33121	21506
	农村金融相关比率	1.66	1.42	2.02	1.33
2006	存贷款余额	138722	30988	74912	32822
	农村 GDP	82692	18077	42634	21882
	农村金融相关比率	1.68	1.71	1.75	1.5

资料来源：根据 1998～2007 年《中国金融年鉴》计算，其中存贷款余额据中国农业发展银行、农村信用社和中国农业银行的相关数据整理计算得来。

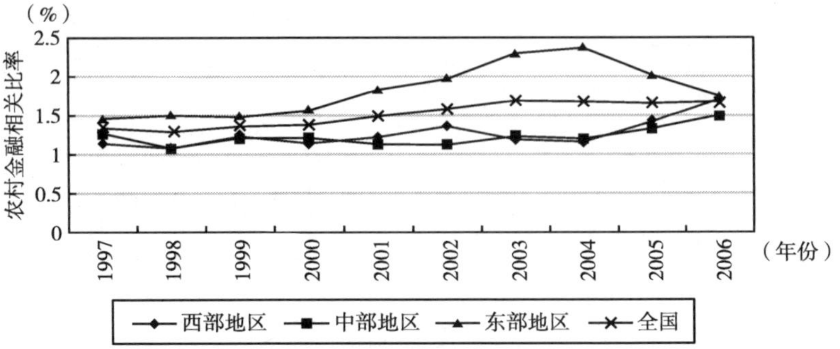

图 2-2　1997~2006 年三大区域农村金融相关比率比较

2. 结论

通过对 1997~2006 年三大区域农村金融相关比率的计算，我们可以发现：

第一，1997~2006 年，我国农村 GDP 呈现连年递增的局面，其中乡镇企业增加值一直高于农林牧渔增加值。这表明农村第二产业产值较高，如果要提高农村经济发展水平，更大程度上还是需要发展农村工业，提高乡镇企业的生产率和生产总值。而从三大区域来看，西部地区明显落后于东部地区，与中部地区也有一定的差距。以 2006 年为例，全国的农村 GDP 为 82692 亿元，而东部地区就高达 42634 亿元，占全国农村 GDP 的近 50%，而西部地区仅有 18077 亿元，还不到东部地区的 50%，东西部农村经济发展的差距非常明显。

第二，1997~2006 年，以中国农业银行、农村信用社为主（农业发展银行的存款业务量近年才展开，且业务量非常小），我国农村的存贷款余额逐年递增，其中，东部地区继续大幅度领先，占全国水平的 50% 左右，以 2006 年为例，东部地区占全国的比重为 54%，而西部和中部地区分别为 22.3% 和 23.7%。西部地区和中部地区大多数年份比较接近，除了 1997 年以外，西部地区农村存贷款余额为 6890 亿元，中部地区 10963 亿元，自此之后的其余年份两大区域差距不太明显。

第三，从农村金融相关比率来看，1998 年全国农村金融相关比率为 1.29，比 1997 年下降了 5 个百分点，1998 年以后，全国水平呈现平滑上涨的趋势。东部地区高于全国平均水平，而西部地区与中部地区类似，呈现的是不规则变化的趋势，大体上看是逐渐递增的，但与东部及全国水平均存在一定差距。从总体来看，西部地区农村金融相关比率较低，以此指标考察的农村金融发展水平较低。可见中国农村金融资源在区域分布的一定程度上体现出非均衡状态，这将导致西部地区和中部地区资金来源匮乏，限制了消费和投资的增长，阻碍了农村经济的发展。同时，这种不均衡会加剧原有的农村经济发展差距，形成纳克斯贫困恶性循环，不利于落后地区经济的起步和金融发展效率的提高，影响了区域之间的协调发展。

（二）结构测算

金融结构一般是指一个国家金融工具和金融机构的形式、性质及其相对规模。金融结构方面的深化不仅包括金融工具种类和规模的扩大，还包括机构构成的深化。① 农村金融相关比率和经济货币化程度只是在总量上衡量了西部地区农村金融深化的程度，而并未反映出金融体系内在的结构变化，因此，我们必须考虑农村地区金融结构方面的变化和差异。

1. 金融机构的区域分布

金融机构的出现，是社会分工进步的结果，社会分工的进步又是以市场范围的扩大为依据的。② 金融机构的区域分布，在一定程度上反映了金融发展与经济发展的关系。戈德史密斯认为，金融机构的产生与发展是由经济条件本身决定的，其变迁过程并非人为力量可以左

---

① 丁文丽．转轨时期中国货币政策效力的区域差异研究．北京：中国社会科学出版社，2005.

② 郑长德．中国区域金融问题研究．北京：中国财政经济出版社，2007.

右的。按照列维在《金融结构与经济发展》中的观点，在经济发展水平相对较低的区域，金融机构一般较为简单，目的仅仅是分散市场风险和流动性风险。只有经济发展达到一定水平后，才能建立效率更高、投资性更高的金融机构。帕特里克曾经提出经济发展与金融发展的两种路径选择，即供给引导型和需求追随型，表明经济发展水平的差距导致金融机构发展路径的区别。在历史上，任何一种金融机构的出现，最初都是遵循“需求追随型”的发展路径，而在成长起来之后，会推动金融机构自身及实体经济的壮大，顺理成章地演变成“供给导向型”的金融发展。

在国内对区域金融的发展变迁进行最早研究的当推张军洲(1995)①，在《中国区域金融分析》一书中，他将我国1949年后我国金融机构的区域分布划分为三个重要阶段，认为今后我国区域金融结构会更趋于非均衡状态，并实现由均衡区域金融分布向非均衡的转换。张杰（1996）在《改革中的中国金融组织空间结构分析》一文中指出，鉴于市场范围及经济活动规模在不同地区之间存在差异，进入组织空间分布的常态是非均齐的。他提出了衡量金融机构空间分布的“自然算法”和“经济算法”，成为以后诸多研究的基础。所谓“自然算法”是仅仅依靠人口数量和行政区划的设置来安排金融机构的空间分布，结果容易造成金融组织地区分布的趋同化，尤其对落后地区而言制造了金融制度的“空壳”；而“经济算法”是指金融机构的空间分布按照效率优先的原则进行，经济发达地区会产生多样化的金融交易方式和工具，金融集中程度也会较高，而经济落后地区受到资源、制度等因素的限制，金融资源的流动仅是支持相对单一或初级的金融机构的存在，集中程度较低。蒋俊鹏、郭沛（2005）② 对农村金融的空间组织结构进行实证分析，证明了在我国农村金融机构是按

① 张军洲．中国区域金融分析．北京：中国经济出版社，1995.

② 蒋俊鹏、郭沛．中国农村金融组织空间结构分析．中国农村观察，2005（2）.

照“自然算法”设置机构并决定机构数量的，在一定程度上降低了资源配置效率。

考虑到数据的可得性，以及农村信用社作为农村正规金融机构处于的垄断地位，在这里采用农村信用社2006年年末在各个区域的机构数量、从业人员数量及其资产总额和相关比例来揭示农村正规金融机构的分布差异（见表2－3），在一个方面揭示三大区域农村金融深化的结构差异。同时，以张杰（1996）的“自然算法”和“经济算法”两种分类理论为基础，以郑长德（2007）曾经选用的每万乡村人口、第一产业总产值两个指标来衡量农村信用社的区域分布密度，计算出2006年年末“自然算法”和“经济算法”下的农村信用社机构区域分布密度，见表2－4和表2－5，从另一个方面揭示三大区域农村金融机构的结构差异。

表2－3　2006年农村信用社三大区域分布情况

指　标	全国	西部地区	东部地区	中部地区
机构数量（家）	75218	23030	27476	24712
机构数所占比例（%）	100	30.6	36.5	32.9
从业人员（人）	650565	167881	258528	224156
从业人员比例（%）	100	25.8	39.7	34.5
资产总额（亿元）	39782.9	8360.8	21260.8	10161.3
资产总额占比（%）	100	21.0	53.4	25.6

资料来源：根据各省区市《2006年区域金融运行报告》相关数据汇总整理而得。

表2－4　2006年农村信用社机构区域分布密度（“自然算法”）

指　标	西部地区	东部地区	中部地区
机构分布密度（家/万乡村人）	0.9	1.18	0.99
从业人员分布密度（人/万乡村人）	6.57	11.1	9.00
资产总额分布密度（亿元/万乡村人）	0.33	0.91	0.41
人口（万乡村人）	25557	23271	24914

资料来源：根据2007年《中国统计年鉴》相关数据整理而得。

表2－5　2006年农村信用社机构区域分布密度（“经济算法”）

指　标	西部地区	东部地区	中部地区
机构分布密度（家/亿元第一产业总产值）	3.6	2.66	3.08
从业人员分布密度（人/亿元第一产业总产值）	26.26	25.05	27.93
资产总额分布密度（亿元/亿元第一产业总产值）	1.31	2.06	1.27
第一产业总产值（亿元）	6392.82	10319.7	8024.48

资料来源：根据2007年《中国统计年鉴》相关数据整理而得。

2. 结论

通过对2006年年末农村信用社在三大区域间分布的相关数据进行计算，我们可以发现：

第一，从农村信用社区域分布的总体情况来看，全国农信社的机构数量为75218家，其中西部地区23030家占30.6%，处于比例最低的；而东部地区和中部地区分别为27476家和24712家，各占36.5%和32.9%（见图2－3）。东部地区在机构数量上具有一定的优势，而三大区域之间差别不大，机构数量上基本是均衡分布的。而以从业人员和资产总额为指标，从农村金融资源来看，三大区域的差别开始产生。东部地区36.5%的机构数量和39.7%的从业人员比例（见图2－4），却占有了53.4%的金融资产（见图2－5），超过了中西部

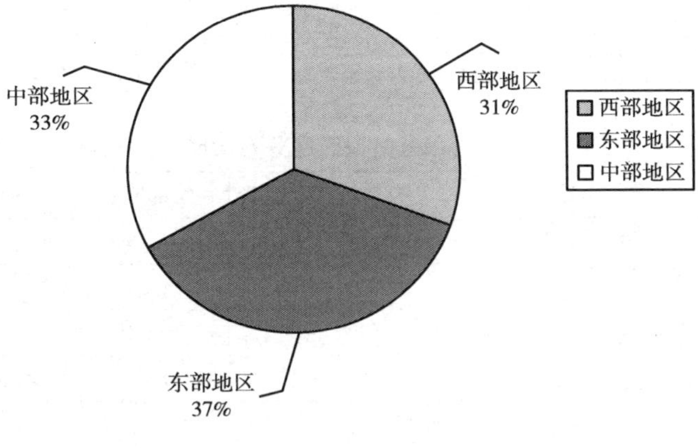

图2－3　2006年农村信用社机构数三大区域比重

地区的资产总和；而西部地区 30.6% 的机构数量，仅有 25.8% 的从业人员和 21% 的金融资产。东部地区农村信用社的资产优势相当明显，而中西部欠发达地区在金融结构方面存在一定的失衡，金融市场发育相对滞后，加大了统一货币政策在各地传导的难度，使同样的货币政策在不同区域难以达到一致的效果。

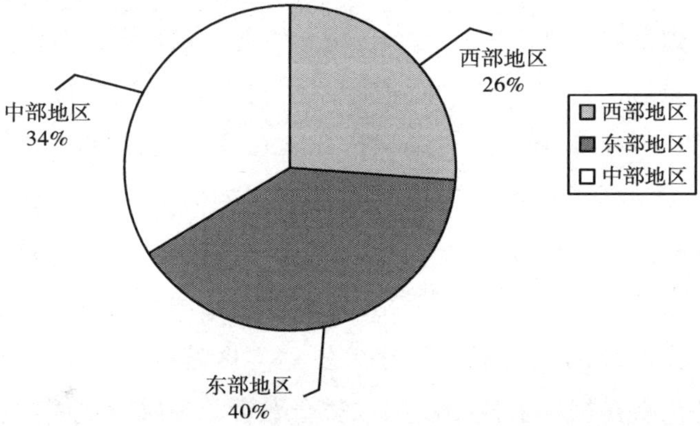

图 2－4　2006 年农村信用社从业人员三大区域比重

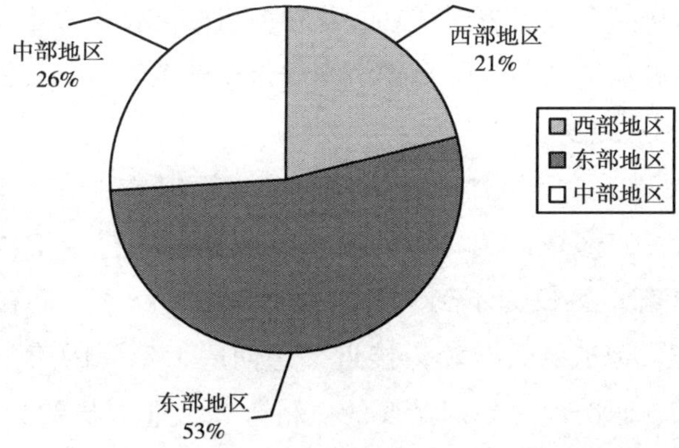

图 2－5　2006 年农村信用社资产总额三大区域比重

第二，从农村信用社的机构分布密度来看，表 2－4 显示，按照“自然算法”下的农村信用社机构在三大区域的分布密度差别很小。

东部地区每万人乡村人口设置的农村信用社大约为1.18家，而西部地区和中部地区略低，分别为0.9和0.99家。表2－5表明，在“经济算法”下，西部地区的农信社分布密度最大，每创造1亿元的第一产业总产值需要设置的农村信用社为3.6家，中部地区同样需要设置3.08家，是西部地区的85%；而东部地区同样仅需要设置2.66家，是西部地区的74%。由此可见，“自然算法”下三大区域机构分布密度较为接近，这说明我国农村金融资源在进行地区分布时，不是按照“经济算法”设置的，而是按照“自然算法”进行分布。虽然与蒋俊鹏、郭沛（2005）在选择指标上存在一定差别，两人在“自然算法”下指标选择每万人口农村金融机构的数量，而本书选择的是每万乡村人口农村金融机构数量，但相关研究结论是一致的。尽管我国近年来开始有步骤、有范围地进行农村信用社改革，在经济发达地区进一步加强网点建设，而在欠发达地区选择合并、减少网点机构，但并没有在根本上改变我国农村金融资源按照行政原则进行分布设置的局面，也就是说，每个级别相当的行政区域都存在结构类似、规模相当的农村金融机构。这与传统经典理论中认为“一个地区的经济发展水平与金融组织密度之间存在严格的正相关关系，即一个地区的经济发展水平越高，则金融组织的密度就越大，分支机构设置就越多”，是不一致的。

第三，从农村信用社从业人员分布密度来看，在“自然算法”下差别较大，东部地区为每1万乡村人服务的农村金融从业人员约11人，而西部地区仅为不到7人，中部地区为9人。而在“经济算法”下，三大地区的数据较为接近，每创造1亿元的第一产业总值东部、中部、西部地区分别需要的农村金融从业人员约为25人、28人和26人。从资产总额分布密度来看，东部、中部、西部地区差别较为明显。在“自然算法”下，西部地区每万乡村人口分布的资产总额仅为0.33亿元，而在东部地区达到0.91亿元，是西部地区的2.76倍，中部地区为0.41亿元，略高于西部地区。在“经济算法”

下，资产总额在东部、中部、西部三个区域的分布密度分别为2.06，1.27，1.31，其中东部地区是西部地区的1.58倍，而中部地区低于西部地区。这在总体上表明，中西部地区农村信用社实力较弱，在农村金融结构方面存在一定程度的失衡。

（三）效率测算

在经济领域，效率一般被认为是资源的配置效率，也就是资源的有效配置或者资源配置的最优化。随着金融对经济进步起到的作用不断增加，学界对金融发展效率的研究逐步形成并不断完善。作为经济发展的中介目标，金融效率的高低程度是评价经济增长与金融发展是否适应并协调发展的重要指标。

1. 三大区域农村金融发展效率

关于金融效率的概念，国内目前有以下几种主要观点①。王广谦（1997）曾经开创性地将金融效率作为独立的课题进行研究，将其简单定义为金融运行程度的高低。杨德勇（1999）认为金融效率是一国金融体系在整体经济运行中发挥的效率，把金融要素投入与国民经济的运行结果进行对比。王振山（2000）认为，金融效率是指在金融监督体制及金融调节机制下，以最小的机会成本和交易成本将有限的货币资本进行最优化配置，以实现对货币的最有效利用。白钦先（2000）认为，金融效率是金融发展与经济发展的适应与协调程度。沈军（2003）以白钦先的定义为基础，并结合孔祥毅（2001）对金融协调的研究，即金融协调是跨越时空的金融经济系统及内部子系统之间和谐的良性发展状况，将金融效率定义为金融系统与经济系统以及内部子系统的协调度。郑旭（2005）认为，金融效率就是金融资源的配置达到了帕累托最优状态。

关于金融效率的层次，王广谦（1997）将其分解为金融机构效

① 赵崇生，高新才．金融效率理论框架：一个文献综述．兰州商学院学报，2004（6）.

率、金融市场效率和金融宏观效率三个方面。其中，金融机构效率包括金融机构的经营效率和发展效率两个方面。金融市场效率是指金融市场的运作能力和金融市场对经济发展的作用能力。金融宏观效率是金融机构和金融市场对整个国民经济的作用效率，它综合体现在货币量与经济总量的关系上。叶望春（1998）将金融效率分解为金融市场效率、商业银行效率、非银行金融机构效率、企业融资效率、金融宏观作用效率和中央银行对货币的调控效率六个层次。杨德勇（1999）将金融效率分解为宏观效率、微观效率与市场效率三个方面。周升业（2002）的观点是，从不同的角度来看，金融效率可以被划分为三个层次：第一层次是金融功能效率，是金融在国民经济运行中的一般作用；第二个层次是金融配置效率，是金融体系中资源的配置情况；第三个层次是金融管理效率，是金融机构内部投入产出的效益。

总之，我国对金融效率这一领域的研究较为有限，尽管多个学者的观点不尽一致，但其基本涵盖了两个方面，一是对金融作为一种资源的认知；二是对金融资源配置的体现。从金融效率的层次来看，大体可以认为是宏观层次和微观层次两个方面，前者是金融促进经济增长的能力；后者主要是金融机构和金融市场本身的效率。根据诸多学者对金融效率的研究和分析，鉴于我们对农村金融机构运行的认识和研究，认为区域金融机构之间的效率包括宏观效率层次和微观效率层次，主要指金融运行过程中投入和产出的对比，也就是金融运作能力的大小。在本书中，将采用金融机构的贷款余额与存款余额的比率作为衡量一个地区金融发展效率的指标，体现出金融机构将存款转化为贷款的能力，在宏观层次比较农村金融推动经济增长的效率。同时，进行金融机构贷款发放与收回情况的对比，衡量其业务能力和效率，在微观层次比较金融机构和金融市场的效率。考虑到数据的可得性，我们选择1997～2006年三大区域农村信用社的存款余额与贷款余额，进行计算对比，得到表2－6，并绘制了图2－6和图2－7。通过对期间三大区域农村信用社贷款发放与回收情况，进行计算对比，得到表

2－7，并绘制了图2－8。

表2－6　　各区域贷存比率比较　　单位：亿元

指标		全国	西部地区	东部地区	中部地区
1997	贷款余额	7273	919	4558	1796
	存款余额	10556	1678	6470	2408
	贷存比率	0.69	0.55	0.7	0.74
1998	贷款余额	8340	1309	5238	1793
	存款余额	12191	1918	7530	2743
	贷存比率	0.68	0.68	0.71	0.65
1999	贷款余额	9226	1523	5776	1927
	存款余额	13358	2146	8313	2899
	贷存比率	0.69	0.71	0.69	0.66
2000	贷款余额	10489	1708	6597	2184
	存款余额	15129	2367	9457	3305
	贷存比率	0.69	0.72	0.7	0.66
2001	贷款余额	11971	2049	7395	2527
	存款余额	17263	2671	10717	3875
	贷存比率	0.69	0.76	0.69	0.65
2002	贷款余额	13938	2436	8850	2951
	存款余额	19875	3181	12357	4337
	贷存比率	0.7	0.77	0.72	0.68
2003	贷款余额	16979	2930	10476	3573
	存款余额	23710	3593	14944	5172
	贷存比率	0.72	0.8	0.7	0.69
2004	贷款余额	19238	3400	11607	4232
	存款余额	27289	4551	16733	6004
	贷存比率	0.7	0.74	0.69	0.7

续表

指标		全国	西部地区	东部地区	中部地区
2005	贷款余额	18681	4228	9981	4471
	存款余额	27606	5497	15096	7013
	贷存比率	0.68	0.77	0.67	0.64
2006	贷款余额	20682	4672	10426	5584
	存款余额	30341	6725	15404	8212
	贷存比率	0.68	0.69	0.68	0.68

资料来源：根据 1998 ~ 2007 年《中国统计年鉴》相关数据计算而得。

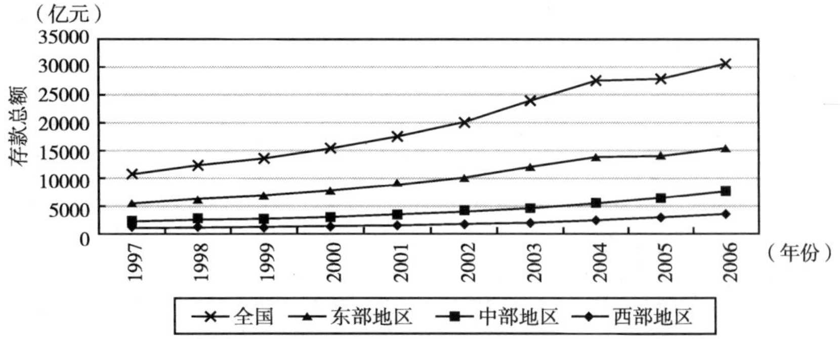

图 2 - 6　1997 ~ 2006 年农村信用社存款总额三大区域变动情况

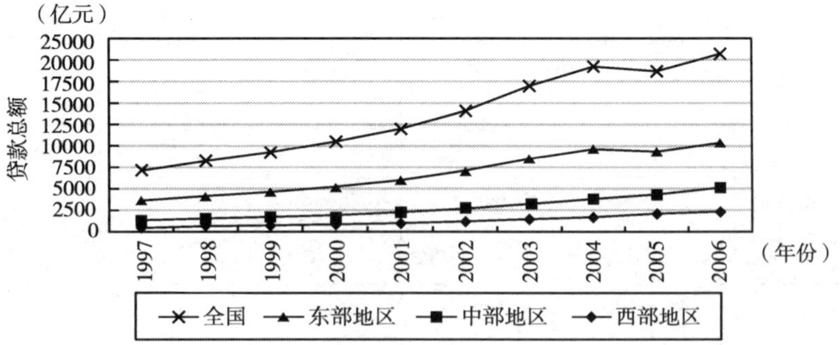

图 2 - 7　1997 ~ 2006 年农村信用社贷款总额三大区域变动情况

2. 结论

通过对表 2 – 6 和表 2 – 7 中的数据进行相关对比分析，我们可以发现：

第一，1997 ~ 2006 年，农村信用社在三大区域的存款和贷款总额基本呈现连年持续递增的局面，其中，东部地区在总量和增加幅度上都居于首位，东部地区比中西部地区在这一方面的优势明显体现出来。以 2006 年为例，东部地区的存款余额为 15404 亿元，中西部地区分别为 8212 亿元和 6725 亿元，中西部地区之和不及东部地区的存款总额。这说明东部地区的农村金融机构在动员储蓄方面的能力远远高于中西部地区。在贷款方面，2006 年东部地区贷款余额为 10426 亿元，而中西部地区分别为 5584 亿元和 4276 亿元，也超过中西部地区贷款总额之和。这不但说明东部地区农村金融机构业务发展的效率，更能表明东部地区农村经济发展具有绝对的领先地位。

第二，1997 ~ 2006 年的十年间，有个别年份贷款总额和存款总额出现了递减的局面。例如，1998 年与 1997 年相比，中部地区的贷款总额略有下降，由 1796 亿元降低为 1793 亿元。究其根本，除了制度和经济方面的原因外，1998 年国内发生的洪水自然灾害，也对农村经济和金融发展产生了一定的影响。2005 年与 2004 年相比，东部地区的贷款总额由 11607 亿元下降为 9981 亿元，存款总额由 16733 亿元下降为 15096 亿元。究其原因，主要是制度方面，2005 年是我国农村金融进行全面改革之年，2004 年 8 月开始农村信用社的相关改革，首先由东部发达地区的农村开始，出现了由自然人或企业发起的小额信贷组织。这可以在一定程度上解释东部地区存贷款在这一年出现下降的问题。

第三，贷款和存款之比，即贷存比率，可以作为衡量宏观金融效率的综合指标。存款是储蓄，贷款可以理解为狭义的投资，投资与储蓄之比可以看作金融对资本投入提高所做的贡献。1997 ~ 2006 年三大区域的贷存比率变化并没有明显的规律可循，且总体差别不大。除了1997年和1998年外，其他年份西部地区的贷存比率高于中部和东部地区，以2005年为例，东部、中部、西部三大区域农村信用社的贷款—存款比率分别为0.77，0.67和0.64。这说明，经济发展与贷存比率之间并不存在正相关关系，尽管在存款余额和贷款余额上西部地区远远落后于东部地区，但其存款转化为贷款的比率较高。同时，这也说明，东部有些地区农村经济发展较快，资金来源多元化，东南沿海有些地区有外汇流入，外汇占款较多；而西部地区农村对资金的需求更大，广大农村依然处于资金高度缺乏的状态，资金来源也较为有限，非正规金融欠缺，依然主要依靠正规金融渠道获得资金。

第四，贷款发放与回收情况的对比，即贷款回收比率，可以考察金融机构本身的经济实力、专业化水平以及获取多方面信息的能力，因此可以从间接看出一个地区金融机构发展的效率高低。从1997~2006年农村信用社贷款发放与收回情况的对比，我们可以看出，中西部地区累计贷款的回收率较低，低于全国平均水平，而东部地区回收率较高，高于全国平均水平。三大区域之间存在一定的差距，有些年份差距较大，以1999年为例，东部地区回收率达到91.6%，而西部地区仅有80.6%，相差10%以上（见表2－7和图2－8）。这说明西部地区农村金融机构的运行效率相对低下，在进行资金运作时，事前缺乏对贷款者的信用考察以及项目评估，将会影响资金的使用以及循环利用。而不良贷款率的升高，同时会导致金融机构出现“惜贷”和“慎贷”的局面，西部地区农村经济发展对资金的需求更难得到满足，经济起飞需要的资本仍将成为“瓶颈”。

表 2－7　　1997～2006 年农村信用社贷款各区域累计发放与收回情况

单位：亿元

指标		全国	西部地区	东部地区	中部地区
1997	累计发放	8801.81	985.41	6442.6	1373.8
	累计回收	7807.46	804.19	5827.17	1176.1
	回收率（%）	88.7	81.6	90.4	85.7
1998	累计发放	7962.37	936.66	5689.27	1335.99
	累计回收	7000.27	782.64	5082.5	1135.13
	回收率（%）	87.92	83.6	87.2	85.0
1999	累计发放	8720.58	1098.29	6373.87	1248.42
	累计回收	7835.17	884.97	5835.79	1114.41
	回收率（%）	89.85	80.6	91.6	89.3
2000	累计发放	9527.12	1172.55	6943.59	1410.98
	累计回收	8222.48	984.26	6068.95	1169.27
	回收率（%）	86.31	83.9	87.4	82.9
2001	累计发放	11953.9	1883.02	8180.67	1890.21
	累计回收	10366.85	1539.95	7198.17	1628.73
	回收率（%）	86.72	81.8	88.0	86.2
2002	累计发放	14250.95	1979.18	9663.27	2608.5
	累计回收	12338.04	1608.12	8544.85	2185.07
	回收率（%）	86.58	81.3	88.4	83.8
2003	累计发放	19096.43	2445.39	12814.49	3836.55
	累计回收	15886.4	1960.16	10715.51	3210.73
	回收率（%）	83.19	80.2	83.6	83.6
2004	累计发放	22835.36	2963.88	15037.29	4834.19
	累计回收	20228.41	2459.23	13642.68	4126.5
	回收率（%）	88.58	83.0	90.7	85.4
2005	累计发放	24339.89	3620.41	13793.96	6925.52
	累计回收	21823.74	2945.91	12746.68	6131.15
	回收率（%）	89.66	81.4	92.4	88.5

续表

指标		全国	西部地区	东部地区	中部地区
2006	累计发放	27018.96	4531	15096.63	7391.33
	累计回收	23751.63	3726.17	13505.18	6520.28
	回收率（%）	87.91	82.2	89.5	88.2

资料来源：根据 1998～2007 年《中国金融年鉴》相关数据整理而得，其中东部地区 2005 年缺少上海市数据，2006 年缺少北京市和上海市数据。

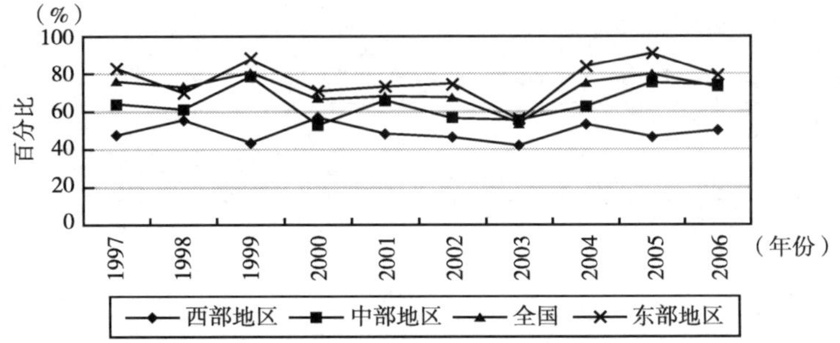

图 2－8　1997～2006 年农村信用社三大区域贷款累计回收率

三、西部地区农村金融成熟度测算

对西部地区农村金融发展中的总量测算、结构测算和效率测算，在不同方面和不同程度上衡量了其农村金融深化的程度，体现了与东部地区存在的差距。但有没有一个完整的指标，能将各项指标纳入同一体系之内，并通过对指标体系的构建、评价得出直接的结论呢？

（一）金融成熟度概念的提出

随着“软件能力成熟度模型”（CMM）的完善，“成熟度”这一概念在很多领域得到了广泛应用，如营销能力成熟度、项目管理成熟度、区域创新系统成熟度等。本书借鉴学界对成熟度模型的研究，引入区域金融深化的过程中，形成一个评估金融发展能力、金融深化程度的理论模型框架。

1. 从软件成熟度到金融成熟度

根据《辞海》的解释，成熟是指果实或谷实长到可以收获的程度，比喻事物已经发展到能有效果的阶段；度是指事物变化达到的状况。根据《现代汉语词典》的解释，成熟度指棉纤维生长成熟的程度，以在显微镜下测得的胞壁厚度作为度量成熟度的指标。

本书中的“成熟度”来自美国的 W. S. Humphrey（1987）年提出的软件能力成熟度模型（capability maturity model for software，SW - CMM）。这是一个理论框架，是对具有某个成熟度级别的软件机构所具有的能力的描述，CMM 包括五个等级：初始级、可重复级、已定义级、已管理级和优化级，模型对每个等级的特征有详细描述。对于那些想改进软件过程能力的机构而言，CMM 模型提供了一种改进的途径。

之后很多学者将其运用到各个研究领域，从国外来看，科兹纳（Kerzner）[①] 于 2001 年在其出版物 *Strategic Planning for Project Management Maturity Model* 提出了项目管理成熟度模型，将知识、技能、工具和技术纳入一个流程框架中，以此为导向应用于项目管理中，用来实现项目目标。对项目管理成熟度模型的研究还有 James 和 Kevin（2003）[②] 提出的二维模型，除了采用 SEI 的五级成熟度以外，他们还设计了描述项目管理的九个关键领域，用于测定成熟度并制定改进计划；在项目管理体系建立的基础上，美国项目管理学会（2003）提出了“组织项目管理成熟度模型”（OPM3），评估组织通过管理单个项目和组合项目来实施自己的战略目标，同时还帮助组织提高市场竞争力，其目标是“帮助组织通过开发其能力，成功地，可靠地，

---

① 科兹纳．项目管理的战略规划——项目管理成熟度模型的应用．北京：电子工业出版社，2002.

② James S. Penny Packer. Kevin P. Grant. Projeet Management Maturity：AnIndustry Benchmark. Project Management Journal. March2003.

按计划地选择并交付项目而实现其战略”。项目管理成熟度模型主要是采用了系统论的原理，根据分层次的成熟度等级有计划、有步骤地提升项目管理的整体效率。① 在软件能力成熟度模型基础上，美国卡纳基·梅隆大学（2001）还提出专门针对企业的人力资源管理成熟度模型，设置了类似的五个成熟度等级，每个等级代表不同的组织所具有的人力资源管理和发展的能力水平，为企业提供了开发人力资源能力的方法和工作指南，为企业基于发展目标选择合适的人力资源管理路径提供了重要的体系。②

除了软件能力成熟度模型外，在其他领域国内学者的研究并不多见。谢泓③（2005）借助 CMM，关注营销过程本身，提出了营销能力成熟度模型（M－CMM），其核心是策划、实施与评价，而评价将会促进企业改进，直到达到最优化的市场营销方法。李松辉（2005）④ 从区域创新系统研究本身出发，提出了区域创新系统成熟度的概念、成熟度曲线与成熟度的计算方法及成熟度测定的思路。在此基础上，他采用主成分分析法对国内 11 省市区域创新系统要素创新能力成熟度进行实证分析，并定量分析了各个要素创新能力成熟度提升的方案。可以说，李松辉的研究是原创性又具有系统性的，为后人在研究成熟度模型开创了新的思路与模式。杨明海（2006）⑤ 提出了项目团队效能成熟度，并进行了详细研究。他以项目团队效能成熟度为研究对象，以项目团队效能成熟度的系统构成要素，及其之间的耦合关系为基础，以项目团队效能成熟度提升机制为途径，通过实施与各成熟度等级相应的效能提升流程，实现项目团队效能由较低成熟

① KevinChui. Organizational Project Management Maturity Model [M]. PMI Hong kong Chapter. 2003.

② Bill Curtis. People Ca Pability Maturity Model [M]. SEI Joint Program Offiee. 2001.

③ 谢泓．营销能力成熟度模型研究．武汉大学 2005 届硕士学位论文．

④ 李松辉．区域创新系统成熟度的测定与实证研究．华中科技大学 2005 届博士毕业论文．

⑤ 杨明海．人力资源能力成熟度模型 [M]．北京：经济管理出版社，2006.

度等级向较高成熟度等级的递进，从而提高项目的成功率。

本书借鉴了国内外学者对成熟度模型的研究，根据我国目前金融发展区域不平衡的状态，结合金融发展与金融深化本身的特点，认为“金融成熟度”是一个区域具备的金融深化能力的程度以及金融有效运行的程度。这个指标是一个综合指标，能简单地将诸多衡量金融深化的指标纳入在一个相对完整的理论框架和体系之内，对这一指标进行测算能从整体上了解和把握一个区域金融发展的程度。

2. 金融成熟度的测算

对金融成熟度的测算，本书主要借鉴李松辉（2005）对区域创新系统成熟度的研究，假设有 n 个区域，第 i 个区域的金融深化能力为 P_i，那么其金融成熟度 M_i 可以通过下面的公式进行计算，并用图 2－9 表示。

$$M_i = M_0 + (1 - M_0)\frac{P_i - P_{min}}{P_{max} - P_{min}} \quad i = 1, 2, 3, \cdots, n \qquad (2.1)$$

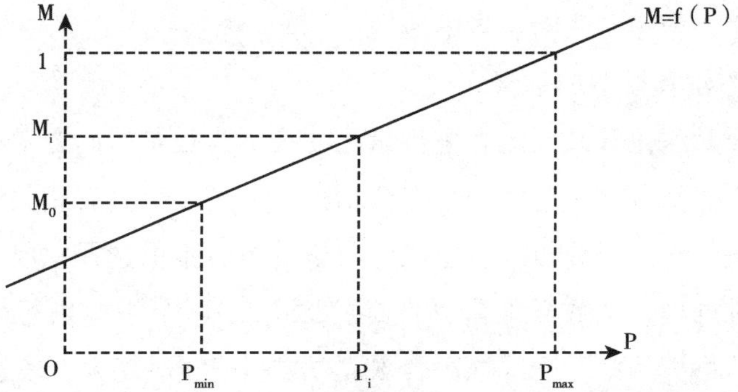

图 2－9　金融成熟度曲线

其中，$P_{min} = \min\limits_i \{P_i\}$，$P_{max} = \max\limits_i \{P_i\}$；$M_0$ 是金融深化能力为 P_{min} 的区域的金融成熟度，M_0 处于 0 和 1 之间；金融深化能力为 P_{max} 的区域，其金融成熟度为 1，表示完全成熟，从理论上讲，这只是一种理想状态。

在进行金融成熟度测算的过程中，本书按照已经进行的总量、结构和效率测算为基础，围绕科学性、现实性、可操作性、系统整体性等主要原则，选取农村信用社存款余额、农村信用社存款余额增长率、农村信用社贷款余额、农村信用社贷款余额增长率、农村金融相关比率、农村信用社机构分布密度、农村信用社人员分布密度、农村信用社资产总额分布密度、贷存比率和累计贷款回收比率十个指标。在进行多指标变量问题的研究时，可以利用主成分分析法，将原有的多个指标进行重新组合，形成新的综合性指标，尽量有效做到降维处理，降低分析的难度。

（二）农村金融成熟度测算

考虑到统计数据的因素以及不失一般性的原则，本书选择部分省区市进行实证分析，其中包括东部地区的天津市、浙江省和辽宁省，中部地区的河南省、山西省和湖南省，西部地区的甘肃省、四川省和广西壮族自治区。从狭义的区划范围上来看，基本涵盖了东北、西北、华北、华南、西南、华中地区。

1. 方法及模型的选择

对金融深化和发展能力进行量化的指标有很多，而金融成熟度是将诸多指标整合在一起的一个综合指标。处理多个具有相关性指标的统计方法，有因子分析法、主成分分析法等，本书选择主成分分析法进行降维处理。从数学上讲，就是将原有的 N 个指标进行线性组合成为新的指标。第一个线性组合 F_1 的方差 $var(F_1)$ 越大，表示 F_1 包含的信息越多，F_1 为第一主成分；如果第一主成分不能完全代表原有的 N 个指标的信息，那么继续选取第二主成分 F_2，依次类推到第 N 个主成分。同时，为了保证信息有效性，出现在 F_1 里的信息不能在出现在 F_2 里，即 $cov(F_1, F_2) = 0$。而主成分模型为：

$$F_i = a_{1i}X_1 + a_{2i}X_2 + \cdots + a_{ni}X_n \quad i = 1, \cdots, n \tag{2.2}$$

其中 $a_{1i}, a_{2i}, \cdots\cdots, a_{ni}$ 为 X 的协方差矩阵的特征值对应的特征向

量，$X_1, X_2, \cdots\cdots, X_n$ 是经过处理后的指标值。通过主成分模型，可以较为科学地估算出每个指标的权重，并以此得到金融深化能力P值的计算公式，避免主观确定权重的随意性。

2. 数据的描述及其标准化

通过查询统计年鉴并进行相关计算，得出具体数据，见表2－8。其中，从金融深化程度的总量指标农村金融相关比率来看，天津处于首位，而浙江最低仅为35%，中部地区的山西和西部地区的甘肃这一指标也较高，分别为132%与92%。从三个结构指标来看，天津仍然具有绝对优势，农村地区享受了较多的金融资源，而西部地区的广西则相对落后，三项指标均为最低，农村金融在结构发展方面处于劣势。从农村金融发展的效率方面来看，甘肃的贷存比率最高，达到76.8%，即将存款转化为投资的可能性越大，湖南最低，仅为62.4%；而从贷款回收情况来看，除天津以外，辽宁、山西、河南的贷款累计回收率也均超过90%。同时，通过对表2－8中的指标进行分析，我们发现各个指标的单位不一致，因此，在进行金融深化能力和成熟度计算之前有必要进行标准化处理，消除不同量纲造成的影响。在标准化过程中，我们选用标准样本变换法，即令：

$$X'_j = \frac{X_j - \overline{X}}{S_j} \tag{2.3}$$

其中，$\overline{X}$ 为均值，S_j 为标准差。标准化以后的指标值如表2－9所示。

表2－8　各省区市农村金融成熟度测算初始指标值

指标名称	单位	天津	浙江	辽宁	湖南	河南	山西	甘肃	四川	广西
2006年农村信用社存款余额（X_1）	亿元	419.8	1431	1050.4	1167.3	2023.3	1367.7	375.4	1630.4	702.7
2005/2006年农村信用社存款余额增长率（X_2）	%	−26.5	6.4	8.8	9.4	18.5	12.7	26.9	19.8	32.2

续表

指标名称	单位	天津	浙江	辽宁	湖南	河南	山西	甘肃	四川	广西
2006年农村信用社贷款余额（X_3）	亿元	319.4	1063.3	685.1	728.2	1521.4	931.5	288.2	1142.6	498.5
2005/2006年农村信用社贷款余额增长率（X_4）	%	-26.2	6.4	14.2	8	19.3	13.9	18.7	17.9	28.1
2006年农村金融相关比率（X_5）	%	155	35	39	54	68	132	92	42	77
2006年农村信用社机构分布密度（X_6）	家/万乡村人	2.4	0.94	1.47	1.11	0.9	1.6	1.31	1.24	0.77
2006年农村信用社人员分布密度（X_7）	人/万乡村人	19.2	9.32	16.8	8.1	8.0	13.9	6.36	7.67	6.24
2006年农村信用社资产总额分布密度（X_8）	亿元/万乡村人	2.7	0.78	0.7	0.34	0.38	0.81	0.26	0.35	0.26
2006年贷存比率（X_9）	%	76.1	74.3	65.2	62.4	75.2	68.1	76.8	70.1	70.9
2006年农村信用社累计贷款回收比率（X_{10}）	%	95.1	89.1	93.4	86.1	92.1	90.74	81.8	81.7	66.5

表2-9　各省区市农村金融成熟度测算指标的标准化值

	天津	浙江	辽宁	湖南	河南	山西	甘肃	四川	广西
X_1	-1.28	0.54	-0.14	0.07	1.61	0.43	-1.36	0.9	-0.77
X_2	-2.29	-0.33	-0.19	-0.16	0.39	0.04	0.88	0.46	1.2
X_3	-1.17	0.65	-0.28	-0.17	1.78	0.33	-1.25	0.85	-0.73
X_4	-2.42	-0.31	0.2	-0.2	0.53	0.18	0.49	0.44	1.1
X_5	1.84	-0.99	-0.9	-0.54	-0.21	1.3	0.35	-0.83	-0.01

续表

	天津	浙江	辽宁	湖南	河南	山西	甘肃	四川	广西
X_6	2.24	-0.73	0.35	-0.39	-0.82	0.61	0.02	-0.12	-1.08
X_7	1.79	-0.27	1.29	-0.52	-0.54	0.69	-0.88	-0.61	-0.9
X_8	2.56	0.06	-0.04	-0.5	-0.45	0.11	-0.61	-0.49	-0.61
X_9	1	0.64	-1.14	-1.69	0.82	-0.57	1.14	-0.18	-0.02
X_{10}	1	0.32	0.81	-0.02	0.66	0.5	-0.51	-0.52	-2.25

3. 数据分析

运用统计软件SPSS13.0中的Factor过程对表2-9的标准化数据进行主成分分析，得到农村金融成熟度测算指标相关系数矩阵表2-10，总方差解释表即表2-11和初始因子载荷矩阵即表2-12。主成分分析要求的主成分个数提取原则是，主成分对应的特征值至少大于1并且提取的n个主成分贡献率必须达到85%以上。从表2-11可以看出，前三个主成分的贡献率达到89.34%，超过85%，且每个对应的特征值都超过1，因此提取三个主成分。从表2-11可以看出X_1，X_3和X_{10}在第二主成分上有比较高的载荷，X_2，X_4和X_9在第三主成分上有较高载荷，其余指标在第一主成分上有较高载荷。因此，选择这三个主成分可以基本反映指标的全部信息，减少了变量个数，简化了研究但又不会影响结果。用初始因子载荷矩阵中的数据除以主成分对应的特征值开平方根，将得到三个主成分每个指标对应的系数，即：

$$F_1 = -0.2X_1 - 0.39X_2 - 0.2X_3 - 0.39X_4 + 0.3X_5 + 0.4X_6 + 0.36X_7 + 0.41X_8 + 0.09X_9 + 0.25X_{10} \quad (2.3)$$

$$F_2 = 0.57X_1 - 0.19X_2 + 0.56X_3 - 0.09X_4 - 0.2X_5 - 0.01X_6 + 0.17X_7 + 0.03X_8 - 0.14X_9 + 0.47X_{10} \quad (2.4)$$

$$F_3 = 5.34X_1 + 0.004X_2 + 0.26X_3 - 0.05X_4 + 0.24X_5 - 0.07X_6 - 0.26X_7 + 0.12X_8 + 0.87X_9 - 0.01X_{10} \quad (2.5)$$

根据主成分模型对每个指标的权重进行计算，用三个主成分中每个指标对应的系数乘以各个主成分的贡献率，然后除以三个主成分总的贡献率，得到每个指标对应的权重，即农村金融深化能力的综合得分模型为：

$$P = 0.68X_1 - 0.29X_2 + 0.05X_3 - 0.27X_4 + 0.17X_5 + 0.24X_6 + 0.24X_7 + 0.28X_8 + 0.13X_9 + 0.27X_{10} \quad (2.6)$$

根据标准化数据，可以计算得到九个省区市的农村金融深化能力P值，代入计算金融成熟度的公式，可以得到其农村金融成熟度，见表2－13。

表2－10　　农村金融成熟度测算指标相关系数矩阵

	X_1	X_2	X_3	X_4	X_5	X_6	X_7	X_8	X_9	X_{10}
X_1	1	0.214	0.990	0.338	-0.475	-0.461	-0.237	-0.387	-0.191	0.251
X_2	0.214	1	0.209	0.977	-0.468	-0.813	-0.815	-0.932	-0.103	-0.706
X_3	0.990	0.209	1	0.321	-0.441	-0.464	-0.256	-0.354	-0.055	0.249
X_4	0.338	0.977	0.321	1	-0.537	-0.823	-0.721	-0.941	-0.216	-0.607
X_5	-0.475	-0.468	-0.441	-0.537	1	0.725	0.489	0.673	0.350	0.198
X_6	-0.461	-0.813	-0.464	-0.823	0.725	1	0.845	0.873	0.135	0.565
X_7	-0.237	-0.815	-0.256	-0.721	0.489	0.845	1	0.813	-0.087	0.694
X_8	-0.387	-0.932	-0.354	-0.941	0.673	0.873	0.813	1	0.310	0.530
X_9	-0.191	-0.103	-0.055	-0.216	0.350	0.135	-0.087	0.310	1	0.016
X_{10}	0.251	-0.706	0.249	-0.607	0.198	0.565	0.694	0.530	0.016	1

表2－11　　总方差解释 Total Variance Explained

Component	Initial Eigenvalues			Extraction Sums of Squared Loadings		
	Total	% of Variance	Cumulative %	Total	% of Variance	Cumulative %
1	5.635	56.355	56.355	5.635	56.355	56.355
2	2.185	21.849	78.204	2.185	21.849	78.204
3	1.114	11.137	89.341	1.114	11.137	89.341
4	0.505	5.053	94.395	0.505	5.053	94.395
5	0.305	3.055	97.449	0.305	3.055	97.449

续表

Component	Initial Eigenvalues			Extraction Sums of Squared Loadings		
	Total	% of Variance	Cumulative %	Total	% of Variance	Cumulative %
6	0. 175	1. 755	99. 204	0. 175	1. 755	99. 204
7	0. 079	0. 792	99. 996	0. 079	0. 792	99. 996
8	0. 000	0. 004	100. 000	0. 000	0. 004	100. 000
9	8. 09E −017	8. 09E −016	100. 000	8. 09E −017	8. 09E −016	100. 000
10	−1. 09E −016	−1. 09E −015	100. 000			

注：Extraction Method：Principal Component Analysis.

表 2 −12　　初始因子载荷矩阵 Component Matrix[a]

	Component		
	1	2	3
X_1	−0. 478	0. 845	0. 143
X_2	−0. 918	−0. 288	0. 044
X_3	−0. 463	0. 827	0. 273
X_4	−0. 930	−0. 132	−0. 049
X_5	0. 715	−0. 299	0. 257
X_6	0. 949	−0. 022	−0. 077
X_7	0. 859	0. 251	−0. 276
X_8	0. 965	0. 051	0. 123
X_9	0. 221	−0. 212	0. 922
X_{10}	0. 597	0. 698	−0. 011

注：Extraction Method：Principal Component Analysis.

a　9 components extracted.

表 2 −13　　农村金融成熟度

	天津	浙江	辽宁	湖南	河南	山西	甘肃	四川	广西
P	1. 5742	0. 3572	0. 1918	−0. 5358	0. 7243	0. 8734	−1. 682	−0. 215	−2. 3501
M	1	0. 81	0. 79	0. 68	0. 87	0. 89	0. 5	0. 73	0. 4

（三）结论

通过表2－13的计算结果，对九个省区市农村金融成熟度进行排序，依次是天津、山西、河南、浙江、辽宁、四川、甘肃和广西。而对九个省区市的农村金融成熟度按照东部、中部、西部三大区域进行加权平均，发现东部地区仍然具有优势，达到0.87，中部地区为0.81，西部地区仅为0.54，与东部地区的省份差别还是较大的。而根据农村金融深化能力的得分模型对计算出来的指标权重进行比较分析，可以发现指标X_1，X_8，X_{10}，X_6和X_7对农村金融成熟度的贡献更大，这对落后地区促进农村金融发展具有一定程度的指导意义。而对结果分析的相关结论是：

第一，从整体来看，天津、辽宁、浙江三个省市代表的东部地区在经济发展水平上显然具有明显的优势，农村居民对金融服务的需求较大，将会刺激金融的发展，其农村金融成熟度较高。而欠发达地区农村经济本身发展相对滞后，很难靠经济需求拉动金融发展，区域差异的存在成为必然。另外，由于交易成本的存在，金融机构的进入和金融市场的扩张需要相应成本，中西部欠发达地区农村经济发展水平较低，很难支付金融机构进入的固定费用，使农村金融机构和中介机构发展缓慢，金融市场相对滞后。同时市场化进程具有不同步性，在区域之间表现为由沿海向内陆地区逐渐推进的过程，赋予不同区域不同的经济发展动力和活力。东部发达地区因为具备优先的改革权利，表现出更强的市场活力，与西部欠发达地区相比，其货币化程度更高，市场机制更加完善，经济和金融发展之间是处于良性的同步快速发展阶段。东部农村地区也因此具备了经济与金融自我发展的能力，能保持农村金融和经济的稳步增长；而西部欠发达地区农村市场经济改革滞后，不仅缺乏经济发展的活力，而且在区域间生产要素流动和贸易分工中一直处于劣势，与东部发达农村地区相比存在很大差异。尤其是进入20世纪90年代以后，市场机制在资源配置中起到主导作用，金融资源实现以市场机制为导向在地区之间配置，鉴于东部地区市场化程度较高，其金融资源流动速率提高，数量增加，也在一定程度上加剧了农村金融增长区域之间的差异。

各区域金融发展水平存在差异，政府行为也起到不可忽视的作用，不同的制度安排导致金融发展呈现非均衡状态。从中央政府来看，每个时期有不同的战略发展侧重以实现整体的发展目标，在金融政策上表现为过于扶持或放手不管，这对农村金融发展的作用是不同的。例如，在20世纪80年代，为促进经济特区的建设中国人民银行向其提供低息贷款，还赋予东部地区较大的利率浮动权及金融工具创新权，这对于筹集资金、扩大投资规模起到重要作用，广大的农村地区也因此受惠颇多。从地方政府来看，为了本地经济的快速持续增长，必然会展开对资金的争夺，一般表现在对投资机会的争夺上。而投资之间的竞争主要是金融资源的争夺，尤其对广大农村地区，资金格外短缺，政府之间对金融机构及相关资源的竞争对农村金融整体水平的提高至关重要。而地方政府之间具有不同的政治影响力和经济发展及控制力，在争夺金融资源的博弈过程中，东部发达地区肯定有优势，这种行为差异，使中西部落后地区金融环境相对恶劣，农村金融的区域差异也在一定程度上反映了政府行为对金融机构的外在作用。

第二，浙江作为我国经济发达省份，长期以来农村经济尤其是乡镇企业发展相当迅速，而计算出的农村金融成熟度却较低，低于河南和山西。从表面来看，这似乎与“经济发展与金融发展呈正相关关系”相悖。实际上，我们在计算农村金融成熟度时，鉴于数据的可得性，主要采用了农村正规金融机构——农村信用社的数据，而浙江作为我国农村经济发达，且中小乡镇企业处于领先地位的省份，其非正规金融即地下民间金融一直处于活跃状态，并对农村金融发展和经济进步贡献颇大。而河南和山西作为我国中部地区的传统农业发展大省，农民对资金的需求更多依赖正规金融机构。这也就不难解释在本书中计算出来的结果，浙江农村正规金融的发展水平不能代表完全意义上其农村金融的成熟度。有学者曾对农村非正规金融的规模进行过估算。唐仁健（2003）认为，据不完全统计，中国农村民间金融规模高达0.8万亿～1.4万亿元，而仅在浙江东南部地区就可以达到3000亿元，尽管统计方法和计算依据仍然有待商榷，但浙江地区的非正规金融发展不可小视。

从另一个角度来看，非正规金融机构是农村金融不可回避的部分，是目前个别区域经济发展环境下的产物，是一种“过渡性的次级制度安排”，但目前在农村金融的发展中具有举足轻重的作用。在正规金融机构供给不足而农户或乡镇企业又有需求时，能弥补正规金融机构的缺陷，成为其有利的替代品。为了克服非正规金融机构在运行中面临的信息不对称、交易成本过高、法律缺失、利率限制以及市场准入障碍等问题，政府有必要进行适当的引导，降低市场准入条件，完善市场退出机制，将正常的农村民间金融活动可以纳入国家监督体系之内，并给予立法上的完善与保障，使其法制化、制度化，成为农村社会真正有效的金融供给，成为真正有竞争力的金融安排。同时，对非正规金融的监管要有一套新的思路和体系，不能单纯沿用对正规金融的监管安排，在金融安全、风险控制和利率监管等方面都要进行制度创新。利率作为“资金的价格”，其控制尤其应该成为政府重点监督的对象，为农村民间金融组织的发展最大限度地发挥政策绩效。争取实现农村非正规金融的可持续发展，充分发挥其在填补农村金融真空、创造良好的金融竞争环境以及实现城乡二元经济全面均衡发展等方面的重要作用。

第三，落后地区如何改善现状，提高经济发展和金融发展水平，实现经济和金融发展的区域平衡，这是一个长期以来困扰诸多部门和学者的问题。在进行实证分析的九个省区市中，广西的农村金融综合能力得分最低为 -2.3501，农村金融成熟度仅为0.4。假设要将其提高至0.7，即 $M_g = 0.4 + 0.6\frac{P_g + 2.35}{3.92} > 0.7$，其农村金融综合能力得

分 P_g 必须超过 -0.39。根据农村金融深化能力的得分模型对计算出来的指标权重进行比较分析，可以发现指标 X_1，X_8，X_{10}，X_6 和 X_7 对农村金融成熟度的贡献更大，因此广西在提高农村金融得分能力的过程中必须着力提高这五项指标值，即农村信用社存款余额、农村信用社资产总额分布密度、累计贷款回收比率、农村信用社机构分布密度和农村信用社人员分布密度，五个指标涵盖了金融发展的总量、结构和效率三个方面。

要想提高正规金融机构如农村信用社的存款余额，除了金融机构本身加强服务外，还要依赖区域经济发展水平和农民基本收入。而机构分布、人员和资产的分布，除了政府部门对金融机构的政策调整以外，更需要提高区域金融需求，而非单纯依靠强制性金融供给来解决问题。广西农村信用社 2006 年贷款回收比率仅为 66.5%，提高贷款回收比率，一方面需要金融机构事前对贷款人和项目进行更好的评估，防止信息不对称导致道德风险引发的坏账；另一方面，更需要依仗区域经济的整体进步带动资金使用，有效提高资金配置。因此，从根本上看，提升落后地区金融成熟度还要在经济发展上做文章。除了金融发展本身的制度创新以外，应该在一定程度上改变原有的路径依赖，尝试从农村基本的涉农制度出发，放弃原有的单纯从金融部门出发的改革方案，而通过农村土地流转体系的完善、农产品价格补贴政策的实施、农业产业化经营的进一步推广、农村公共财政机制的平衡等，逐步解决农村生产、经营中的基础问题，以此改善农村金融发展现状，解决农村金融市场上的诸多问题，实现落后地区的有效追赶。

从 1984 年至今，农村金融体制改革已经走过了近 30 年，但以农村信用社改革为核心的政策导向始终难以解决农村金融发展问题，导致“三农”问题破解难度增加，城乡之间发展差距的进一步拉大。从金融成熟度的视角探讨农村区域金融发展中的问题，在理论与实践上都是一种新的尝试。农村金融发展的区域差距是区域经济发展本身的产物，本书分析了农村区域金融发展差距存在的表现及根源，认为须从根本上制订针对不同区域金融发展程度的政策，为农村金融体系的进一步完善提供证据。农村金融发展有其自身的特点，要从根本上解决问题，要突破金融发展本身，改善农村经济深化发展涉及的基本制度。对发达省份的农村地区，在不改变发展趋势的前提下，加强对非正规金融的引导，促进与正规金融的融合，形成有效的制度安排，使其成为农村金融市场的合理合法主体。对欠发达区域的农村金融发展，要从供给与需求两方面着手，首先降低金融机构准入门槛，在制度供给上提供保证，以满足农户发展资金需求。同时大力发展农村经济，刺激相关投资，提高农户资金需求，防止出现金融抑制现象，以实现农村金融体制的根本变革。

第三章 农村金融深化中的政府行为分析

一、政府在其中的地位与作用

通过第二章对西部地区农村金融深化、农村金融成熟度的实证分析和测算，我们发现西部地区农村金融与东部发达地区相比仍然存在一定差距。而政府作为具有强制权力的机构，具有稳定经济发展、合理配置资源以及公平分配产品的职能，是宏观调控的主导。那么，从经济学“市场失灵”和“政府失灵”角度出发，探讨政府在农村金融深化中的地位，政府行为具体的依据与目标，以及应该扮演如何的角色，则是本章的主要内容。

（一）市场失灵及表现

福利经济学第一基本定理认为，只有在特定的环境或条件下，经济才能达到帕累托最优状态。而市场无法实现帕累托状态有六个基本原因，即市场失灵的六种类型，政府行为的基本理由正是基于市场失灵。

1. 市场失灵

市场失灵的主要原因在于竞争失灵、公共物品、外部性、不完全市场、信息失灵、失业和其他宏观经济的扰动。在完全竞争市场下才会产生帕累托最优状态，现实中的不完全竞争市场必然引起经济的低效率。对于公共物品来说，鉴于其消费的非竞争性和非排他性，“搭便车”不可避免，市场或不提供公共物品，或提供不足，使市场机制陷入一定程度的困境。信息在一定程度上也可以看作是一种公共物品，在市场机制下交易双方因为信息披露制度不完善引发信息不对称，导致交易成本增加，容易产生道德风险或逆向选择。而一个人或一个企业的行为让他人或其他企业承担成本，却不给予补偿；或给其他个人或企业带来利益，却不能因此得到报酬，就产生外部效应。正外部性会导致某些活动欠缺，而负外部性会导致某些行为过度，只要市场存在这些外部性，资源就不会完全有效地得到配置。宏观经济的整体运行具有一定的周期性，从高涨到萧条，说明市场机制自身运行中存在不能克服的致命问题，亚当·斯密“看不见的手”的理论受到挑战。

而对我国农村金融市场发展，特别是针对西部地区农村金融市场而言，导致市场失灵的主要原因在于不完全竞争、不完全市场、外部性以及宏观经济形势的相关变化带来的影响。在前面章节的实证分析中，关于西部地区农村金融市场发展状况，我们已经得出相关结论，西部农村金融市场从整体上看是一个典型的不完全市场，从公共部门经济学的角度来看，即使提供产品和服务的成本低于个人意愿支付的范围，私人市场依然不能提供产品和服务。同时，西部地区农村经济发展处于工业反哺农业、城市带动农村的新阶段，农村金融市场服务的社会效益高于经济效益，具有明显的正外部性，市场在农村金融资源配置上存在一定的局限性，在正向激励机制不健全的情况下，农村金融服务必然存在供给不足。而国家甚至全球宏观经济整体形势的变动，会给金融市场造成一定的动荡影响，对西部农村金融机构而言，这种影响也是不言而喻的。

2. 农村金融市场失灵的视角

农村经济发展和农民生活中非常重要的问题就是资金的融通，因为这将直接影响到再生产能否顺利实施以及农民最基本的生活能否得以保障。以下四个市场失灵的表现，不只是出现在西部地区农村金融市场上的问题，在全国的农村金融市场都有，只是，在西部地区更严重、更尖锐、更具有代表性。

（1）供给与需求之间的矛盾。

任何商品的价格都是由供给和需求两个方面的因素共同决定的，供求关系的相互作用形成了市场的均衡价格，因此供给与需求是西方经济学研究的起点。在农村金融市场，金融机构资金的供给和农户、乡镇企业等对资金的需求，将会直接影响资金的流向，以及资金的有效配置。在以往的研究中，学者和政府部门更多的是关注金融机构供给方面的不足，认为制度上的供给制约是造成西部地区农村金融深化不足，形成金融抑制的局面，而对需求方面的分析略有欠缺。政府出台的相关改善供给方面的政策在农村金融市场收效甚微，根据帕特里克“需求追随型”和“供给带动型”金融发展路径，西部地区金融机构的供给与需求两个方面的矛盾是造成金融抑制的原因之一。

从资金需求方面来看，农户的资金需求主要包括生产性需求和生活性需求。在经济相对落后、市场化进程滞后的西部地区，农户的资金需求还主要用于非农生产，也就是说农户并非为了进行投资和扩大生产而进行借贷，农户的借贷资金主要用于盖房子、婚丧嫁娶，孩子上学以及家庭成员生病。而农户面临资金需求时，更多的是考虑去邻居或朋友之间借款，也就是所谓的友情借贷，或者在远近村镇的地下钱庄借高利贷，而不是考虑去正规金融机构贷款。从农村信用社贷款总额的区域对比看出，西部地区最低，说明了农户的资金需求较低，同时也说明了对正规金融的非依赖性。2008 年年初在甘肃省陇南市武都金桥村进行村镇银行方面的调研时，笔者在这个村做过一个简单的调查：在调查的 65 户农民中，对借贷资金的用途进行排序时，42 户首选了盖房子，占 64.6%；有 12 户首选了孩子教育，占 18.4%；有 8 户首选了孩子结婚，占 12.3%；而只有 3 户选择了其他，如买生产用具、化肥或其他生产用途。而对借贷资金来源进行排序时，50 户首选了向亲戚朋友借款，比例高达 76.9%；8 户选择了考虑向信用社贷款，仅占 16%；5 户选择高利贷，占 7.7%；还有 2 户选择其他的方式。由此可见，西部地区的广大农民长期依旧停留在首先要满足生存经济的层次，同时大部分资金的解决集中于农村内部，而非农户与正规金融机构之间，这与黄宗智（1990 年）[①] 对中国农村经济进行研究时得出的结论“半无产化”与“拐杖逻辑”不谋而合。而东

---

① 黄宗智．长江三角洲小农家庭与乡村发展．北京：中华书局，1990.

部发达地区，随着近年来整体经济形势的进步与农村经济的快速发展，农户的资金需求结构发生了相应的改变。张杰曾经对1999～2005年浙江省温岭市农户融资需求结构进行分析，到2005年，有融资需求的农户达50%，其中50%的农户选择农村信用社贷款，25%的农户选择民间借贷，25%的农户选择自由资本。在贷款额度范围内，一般只要是生产性用途的都可获得批准。东西部地区在农户的融资需求结构上的具体表现是不一样的。

当然，这并不能完全说明西部地区农户没有生产性需求，因为即使存在农业生产性的贷款要求，一方面对资金的数量要求不等，另一方面牵涉到金融机构的供给方面，农户也很难得到这种需求的满足。随着商业银行部分机构从农村市场的撤出，农村信用社目前是农村地区唯一的正式金融机构，西部地区机构分布密度相对较小，在制度安排方面逊于东部发达地区。同时，面对农户的非生产需求，所需资金主要用于满足生活消费需要，缺少还款能力，正规金融机构出于基本的资金安全考虑，很难提供资本给有需求的农户。同时，西部地区农村保险市场狭小，供给明显不足，且农村社会保障能力低于东部发达地区，这在金融供给方面存在巨大的缺口。

因此，西部地区农村金融市场供给与需求之间的矛盾是长期以来形成的，在短时间内难以调和与解决。供给与需求之间的不均衡状态，导致了农村金融深化的严重不足，并影响到西部地区农村经济的发展，与东部地区形成差距。

（2）严重的信息不对称。

在信息经济学中，信息的不对称一般是从两个角度进行研究，即不对称信息发生的时间和不对称信息的内容。从时间来看，信息的不对称可以发生在当事人签约之前，也可能发生在签约之后。从内容来看，不对称信息可能牵扯到当事人的行动，也可能是涉及当事人的知识认知。在参与博弈的双方中，拥有私人信息的一方是代理人，而另一方是委托人，因此，任何相关分析是在“委托人—代理人”模型的框架下进行的。①

在金融市场，放贷双方是典型的委托人与代理人关系，相互之间存在隐藏行动或隐藏信息的道德风险以及逆向选择。在西部地区农村金融市场，信息不对称问题严重，甚于城市，比东部地区的农村也严重。首先，借款人与贷款人在合同签订之前就不具有完全信息。作为借款人的农户，一般具备的文化水平较低，很难做到对合同标准的完全认同，相比来说，作为贷款人的金融机构对合同本身能掌握更多的信息。而贷款人很难像在金融市场发达的地区那样，对借款人的信用和项目选择、项目风险进行有效评估；同时，对于还款能力，出于经验，借款人自我必然有一定的认识，对自然风险、经营状况、盈利状况等掌握的信息多于贷款人。其次，在合同签订之后，由于资金数额较小、农户分散，借款人将资金用于何处、是否按照合同本身写明的贷款目的进行行动，是金融机构完全不能掌握的。很多情况下，农户以金融机构可以许可的理由申请贷款，而实际上将钱另作他用，如消费或满足其他方面的需求。因此，借款人在很多情况下无力偿还贷款，而贷款人也不知道其是否会赖账。而在这种情况发生时，由于缺乏有效的惩罚手段，相关法律并不完善，信息不对称导致在整个贷款的申请、使用过程中道德风险和逆向选择问题存在，产生信用风险。借贷双方的信息不对称，更多的是使金融机构在对待农户的贷款申请时人为设置很多障碍，农户在正规金融机构可以选择的余地较小。

借贷市场的信息不对称，不仅仅是西部地区农村金融市场上存在的，在发展中国家的农村金融市场，这是普遍存在的现象，也是农村金融体系与城市工商业金融体系的差异。鉴于此，尽管城市金融体系相对完善，但却不能简单地“克隆”到广大农村地区，解决农村金融市场长久以来的难题。

---

① 张维迎．博弈论与信息经济学．上海：上海三联书店，上海人民出版社，2004.

胡必亮（2006）[①] 曾经提出过“村庄信任”的概念，也就是说，在一个村庄内部，由于共同的文化背景会形成一定的社会规范与社会规则，通过非正式制度安排而形成彼此信任的农村社区秩序。实际情况是，封闭的西部地区农村社会实际上属于“村庄信任”下的“熟人社会”，也就是在社区内部农户与农户之间相对来说信息更具有对称性，这也能在一定程度上说明农户对正规金融机构不感兴趣而对友情借贷更依赖的原因。

（3）缺乏可抵押物。

在面临道德风险与逆向选择时，只有借款人不能归还贷款，导致贷款人蒙受损失，才会阻碍金融市场的发展和正常运作。抵押物品的存在，在很大程度上弱化了信息不对称产生的道德风险和逆向选择以及不利后果，因此是金融市场信用风险管理的重要工具。正如孟加拉国 GB（Grameen Bank）的创始人穆罕默德·尤努斯曾经说过，抵押和借贷都是人权，并且是消除贫困、公平发展最有力的武器。

假设有一笔农村信贷资金 L，其贷款利率为 r，抵押物品的评估价值为 V，而一方违约的成本为 C。那么借款人当期如果不能归还贷款，其收益为 $L(1+r)$，即此笔贷款的本金和利息，其成本为 $V(1+r)+C$，即抵押品被没收并承担违约成本。当 $L(1+r)>V(1+r)+C$ 时，借款人违约的收益高于成本，会选择不归还贷款。但一般情况下，金融机构对抵押品进行价值评估时一般会低于农户自身对其的价值判断和定位，即 V 被低估；而在确定违约成本时，鉴于金融机构缺乏对违约者其他的惩罚措施，将 C 定得较高。因此，在这笔贷款申请与发放的过程中，金融机构面对类似 $L(1+r)>V(1+r)+C$ 的判断，将会有意提高 V 和 C，借款人需要提供更多的抵押品，就此抬高了农户获得贷款的门槛，使贷款交易很难顺利达成。[②]

---

① 胡必亮，刘强，李晖．农村金融与村庄发展［M］．北京：商务印书馆，2006.

② 周立．农村金融市场四大问题及其演化逻辑．财贸经济，2007（2）：56－63.

在一般的农村地区，可以用来当作抵押的物品主要是农村的土地、劳动力、房屋以及其他生产或生活资料，但由于这些物品本身的特性以及执行成本，并非金融机构乐于接受的抵押品。以土地为例，在我国要解决“三农”问题，农村土地的制度变迁是始终不可回避的问题。尽管2007年3月《物权法》的颁布，引发了关于农村土地产权使用、转让等权利的热烈讨论，但农村土地资本化仍面临诸多制度障碍，严格限制农村土地权益抵押的可获得性，使农村土地这一格外稀缺的资源流动性大大降低，配置效率相对较低。同时，金融机构是否能接受农村土地使用权作为抵押物品，在借款人出现违约行为后，能否顺利将农村土地在能接受的成本范围内迅速变现而形成较为有效的农村土地交易流转市场，也是一大问题。因此，在农村并非没有抵押物品，而是面对利润最大化下的商业银行等金融机构，缺乏其需要的抵押物和相关的政策支持及运行机制。

在东部地区的农村，经济相对发达，金融机构与农户之间存在连续多次放贷的可能性远远高于西部地区，那么金融机构与农户之间因为重复博弈而非单一博弈而产生的农户违约风险将在一定程度降低，由于缺乏抵押物而产生坏账的可能性低于单一博弈下的情况。另外，在西部地区的农村，由于自然条件和生态环境的恶劣和脆弱，出于对农村耕地的保护和经济可持续发展的需要，国家在区域规划上已经有意识地实施主体功能区划分，西部地区农村建设用地会受到严格限制，而处于被保护状态下的耕地数量会增加，这增加了农村土地资本化的难度，导致金融机构难以接近贫困的资金需求者。

（4）风险与风险规避问题。

任何经济行为都存在不确定性，当经济活动参与者知道自己的决策将产生各种可能的结果时，知道各种可能结果发生的概率，则将这种不确定的情况成为风险。西方经济学首要的假设条件是“理性人”的假设，也就是从事经济行为的任何人都是利己的。在面对不确定性时，参与者对待风险的态度决定了经济行为本身。

在信息不对称和缺乏抵押物的情况下，作为贷款人的金融机构很难准确评估贷款的风险。从农村生产经营和生活本身来看，具有明显的季节性和自然性，由此产生的自然风险和市场风险较大并难以评估控制。农业投资的高风险性、长期性和低盈利性，使以资金的流动性、安全性和盈利性为目的的商业银行等金融机构不愿发放贷款，而在很大程度上变成单一的动员储蓄的机构。从金融机构与借款人双方来看，可以用一个简单的公式来表达[①]：假设一笔贷款的金额为 L，利率为 r，借款人可能的履行合同的概率为 p，那么贷款人最初预期的利润为 $p(1+r)L-L$。同时，假设贷款人发放贷款的机会成本为 c，那么要想取得利润，其发放贷款最基本的条件必须满足 $p(1+r)L>(1+c)L$，即 $r>(1+c)/p-1$。那么当 $c=10\%$、$p=50\%$ 时，只有 r 超过 120%，才能满足最基本的放贷条件，也就是说贷款利率要高达 120% 时，才能维持基本的放贷条件。由此可见，贷款人对 p 更为敏感，因为在农村金融市场对商业银行而言，收回本金是更重要的，而利润是其次的。实际情况是，贷款人不可能将利率定得如此高，要控制在一定范围之内，由此就出现了信贷配额，使农村金融市场不能维持均衡发展的局面。在我国西部农村地区，鉴于经济发展和市场化的程度，借款人履行合同的概率 p 低于东部地区，增加了金融机构的风险。

同时，这将导致农村保险市场发育不良，作为缓解压力、分散风险的保险机构在农村金融市场作用不大。从保险市场整体来看，东西部差距很大，以 2006 年 9 月末各地区保险机构数量的区域分布为例，东部地区超过 1200 家，而西部地区只有 339 家，东部地区具有绝对的优势。将这一数据推广到农村保险市场，可以估算出西部地区的农村保险市场远远落后于相对发达的东部地区。

从根本上看，影响西部地区农村金融出现抑制局面的因素还有很

---

① 周立．农村金融市场四大问题及其演化逻辑．财贸经济．2007（2）：56－63.

多，造成的市场失灵还有其他表现，但这四大问题是具有代表性的。实际上，这四个问题不是孤立、单一的，而是相互作用、相互影响的。它们之间纷繁复杂的关系和相互作用，导致了农村金融市场尤其是西部地区农村金融市场的不完善以及农村金融深化的严重不足。

（二）政府相关行为的依据与目标

政府相关行为的目的在于矫正市场失灵带来的不利影响，而矫正的目的是出于公平与效率的统一。在农村金融深化的过程中，政府对公平与效率如何取舍，取决于在短期或长期政府对经济的预期，即与政府的基本目标有直接关系。

1. 公平与效率

我国整体的经济政策在处理公平与效率的关系上，在很大程度上受到即时区域经济学理论观点的影响，在一定时期内政府决策机构承认区域差距的存在，而没有采取相关措施。威廉姆森 1965 年提出关于区域经济差距走势的倒“U”型理论，认为在国家经济发展的初级阶段，随着总体经济增长，区域差距一般比较大，然后区域差距保持稳定，但是经济进入成熟增长阶段后，区域差距将随着整体经济增长而逐渐下降。这在改革开放初期成为政府“效率至上”“中性政策”的理论基础，在一定程度上造就了东部地区 30 多年改革开放经济的起飞。但经济发展的差距长期以来并没有按照理论运行的轨迹逐步缩小，反而逐渐超过“理性经济人”——民众的社会容忍水平，成为影响国民经济稳定、持续发展的重要因素。

从公平的标准看，公平的标准一般包括起点公平、规则公平和结果公平。起点公平指所有的社会成员在竞争的起始点上处于完全相同的资源占有状况，也就是禀赋公平。规则公平是指在竞争的过程中每个人所被要求的竞争规则是一致的，不允许对某些人给予特别的照顾，而对另一些人设置特别的障碍的情况发生，规则公平实际上是过程公平。结果公平是指在竞争的终点上，每一个社会成员所获得的经济成果是一致的。从效率的标准看，效率是指要达到帕累托最优状态，它不仅仅是生产效率、经济效率，还包括社会效率；不仅仅是局部的效率，也应该是全局的效率；不仅仅是一个地区的效率，而是全国的效率；也不只是部分社会成员的效率，而是全体社会成员的效率。效率的核心问题是资源配置及其相关的制度安排和激励机制，而资源要达到有效配置与效率，就必须有良好的制度和规则。公平与效率是辩证统一、相互依存的。效率是推动社会进步的动力，但是，效率的解决依赖于建立在公平的基础上，对金融发展而言，只有东、中、西部地区都得到充分发展，提高经济效率，社会公平才能得到充分的保障。同时，公平状况的改善，对农村金融效率的提高起着不可低估的作用。①

奥肯（1975）曾经说过："公平和效率的冲突是我们最大的社会经济选择，它使我们在社会政策的众多方面遇到了麻烦。我们无法得到市场效率的蛋糕又公平地分享它。"因此，政府对区域非均衡以及经济增长之间的公平与效率的选择与权衡，一方面不能过度强调它们之间的冲突与矛盾，同时也不能过度强调其统一与协调。对西部地区的发展而言，为了尽量缩减不公平的状态，以保障经济的可持续发展，在短期内放弃一定的经济增长率是必要的。在这一过程中，政府一般选择两种手段，即直接的财政政策与间接的金融政策。本书主要讨论的是面临农村经济与金融发展非均衡的日益扩大政府相关行为方式及手段的运用，也就是政府行为在西部地区农村金融深化中的依据。

2. 政府行为在西部农村金融深化中的基本目标

公平与效率是政府行为的重要依据，公平导向的政策更多考虑社会政治性，而效率导向的政策更多考虑经济性。从整体的宏观经济视

---

① 祁敬宇．运用财政政策和金融政策协调公平与效率的思考．金融与经济，2007(5).

角分析，针对西部地区农村金融发展现状，政府有必要通过一定的措施和手段进行调控，以期逐步解决农村金融市场失灵问题，给西部地区农村居民创造更好的金融环境，促进农村经济的发展。西部农村地区在经济基础、市场化进程甚至生态环境等方面与东部农村都不可同日而语，因此针对金融市场存在的差距，政府行为并不是要完全使西部农村地区赶上东部地区，而是尽可能地缩小差距。在东部地区更快的发展速度面前，政府需要为西部地区创造更多的机会和更好的环境，促进“问题区域”的农村金融发展，实现落后地区的跨越式发展。

区域金融差距的出现是历史长期形成的过程，其解决也是渐进的，有必要有步骤、分阶段地制订目标，付诸相关措施进行调节。目前我国对农村工作和“三农”问题的解决给予高度重视，在十七届三中全会上着力对农村改革问题进行探讨，农村经济面临新的发展机遇。同时，继续推进西部大开发战略，对西部地区尤其是农村地区给予长期关注与更多的优惠政策。为了取得突破性进展，农村金融的进一步深化需要置于国家对农村改革和西部大开发的总体战略规划与发展目标之下。近期对西部地区农村金融深化的工作目标并不能首先缩小绝对差距，而是遏制东、西部农村金融与经济发展差距的进一步扩大，也就是缩小相对差距。因此，从短期来看，完善农村西部地区金融市场、缓解东西部农村金融发展差距继续扩大的局面，是政府行为最基本的目标。将这一目标具体化，政府需要集中力量增加西部地区农民基本收入，实现公共服务均等化，在起点上实现公平。

从国内外区域经济发展的历程来看，区域经济发展之间的差距变动，受很多因素的影响，与国内经济发展宏观形势有密切的关系。而金融市场发展与国内外经济周期的波动紧密相关，农村金融市场也不能例外。同时，对区域金融发展的差距进行调控，是一个长期的过程，在新的经济形势下，已经缩小的差距有可能进一步扩大，政府并不能通过调整达到一劳永逸的效果。因此，从长期来看，我国政府在西部地区农村金融深化的过程中，必须及时根据已经变化的形势和出现的新的问题制订相关目标，再采取相关措施，尽量将农村金融发展差距控制在农民可以接受的范围之内，缩小东西部农村金融发展的绝对差距。

二、政府行为失灵及边界分析

市场失灵的几个来源直接证明没有政府干预下的经济是低效率的。然而，即使市场是有效的，政府比个人更能了解在什么情况下可以实现最优化的利益，能尽可能产生符合社会大众意愿的收入分配等，因此，政府干预可以带来帕累托改进，也奠定了市场经济中政府作用于经济活动的理论基础。政府是否干预经济、干预经济的合理性，依据政府是不是比私人部门拥有更多的信息。市场失灵问题的存在需要政府干预，但政府干预的结果不是尽善尽美的，尤其是当政府过度干预或干预的方式不当时，会出现政府失灵。斯蒂格利茨曾经强调政府作用的两个视角，即规范视角与实证视角，前者主要强调政府应该做什么，后者主要强调政府实际做了什么以及对结果进行描述与解释。① 实际上，对于西部地区农村经济以及金融发展问题，中央政府已经有充分的认识以及给予了足够的重视，在西部地区农村金融深化的过程中，市场失灵的存在以及东、西部地区的差异存在，给予政府行为更多的空间，但不意味着所有的政府行为都是可取的，必须对政府行为及相关项目进行一定的评估，考虑其可行性与政策效果。在这一过程中，我们的研究是将规范视角与实证视角结合在一起，对于政府行为边界给予详细解释与分析。

---

① 斯蒂格利茨．公共部门经济学．北京：中国人民大学出版社，2005.

（一）政府行为失灵

政府行为是缩小农村区域金融差距的基础，但现实中政府的调节不一定能导致区域趋同，有时候可能会出现政府失灵的情况，而引起区域金融发展差距的进一步拉大。究其原因，与政府行为本身的意愿、能力以及政府机构运作的特点有直接关系。从总体来看，经过改革开放30多年的经济快速发展和农村体制改革的深化，我国政府已经逐步具备解决区域发展差距的能力，为促进区域金融的协调发展提供制度、资金、政策等方面的支持，对西部地区给予倾斜。而近年来统筹区域经济发展的要求、科学发展观理念的确定，表明政府有强烈的改善区域经济发展差距的意愿。

但是，我们仍然需要注意，对西部农村金融深化而言，政府行为能否在短期内遏制与东部地区的差距，在很大程度上取决于政府抑制的意愿强度，以及政府行为能否影响资金由东部地区向西部地区、由城市向农村流动。公平与效率之间存在一定的替代关系，针对西部地区农村金融深化的某些政策，可能会或多或少地影响到农村金融发展的整体效率，并可能会在一定程度上影响到东部地区农村金融发展的积极性，考虑到相关成本，会导致政府平衡区域差距的意愿减弱。同时地方政府之间对金融资源的争夺加剧，而东部地区在博弈过程中相对西部落后农村具有明显优势，一方面激烈的竞争会增加市场交易成本，降低效率；另一方面，在地方政府的博弈过程中，西部地区农村金融生态环境可能更加恶化，而从整体上影响中央政府金融调控的效果。即使政府具有强烈的平衡农村区域金融差距的意愿，在市场机制下，政府必须在市场配置资源的前提下发挥其职能，因此政策效应很大程度上受到限制。在西部农村金融市场，商业银行之所以撤出，是利益诱导机制发挥导向作用的必然结果。政府可以通过制订相关政策引导其发展，但不可能从根本上解决问题，也就是说，商业银行不可能为了政策需要而改变其“理性经济人”的本质。同时，以西部地区农村金融市场资金外流问题为例，支撑农业发展的重要资金力量是农民的储蓄资金，但农村信用社和农村邮政储蓄机构却成为资金外流的重要渠道。政府可以制订相关措施缓解农村地区尤其是西部农村地区的资金外流现象，如可以针对邮政储蓄机构只存不贷的局面给予适当改善，但是政府能力是有限的，政府行为不是万能的。

政府机构运作本身的特点，可能也会导致政府出现一定程度的失灵。西方社会20世纪70年代出现的滞涨，充分表明政府行为未必能矫正市场失灵，有些问题市场难以解决，政府也不能解决。公共部门经济学认为，政治市场与公共选择机制的内在缺陷可能导致政府行为偏离公共利益的目标，而当政府行为不能提高效率，或政府把收入再分配给不合适的人群时，政府失灵就产生了。① 在决策过程中，政府与私人部门一样，也会面临信息不完全的情况，可能会影响政府的判断，导致政府决策失误。政府为了调节区域金融发展差距制订一定的政策，有时可能会在意想不到的领域产生副作用，也就是派生外部性。例如，在金融深化中，政府制订区域倾斜导向的政策，可能会引起地方政府对福利资源的争夺，在这个过程中，地方政府与中央政府“讨价还价”，会影响中央政府的判断而导致其行为缺陷。同时，还可能滋生地方政府为获得政策扶持而产生的瞒报、欺骗等行为，严重影响政府的决策。在缺乏有效的相关机制约束下，政府真正区分福利主题成本代价很大，暗含了政府组织行为的不完善，因此可能会产生新的不公平。外在约束机制缺失，内在道德约束机制在利益诱惑面前形同虚设，容易造成政府部门权力的转移和再分配产生寻租现象，社会福利损失，政府行为初始目标被扭曲，并引起相关社会问题。同时国际经验说明，在金融制度安排中，政府过多介入和管理中不可避免出现的官僚主义，导致社会资源大量浪费和金融体制运行的低效率。我国政府机构不断膨胀、人员不断增加，但部门之间又缺乏竞争，也

---

① P. A. Samulson and W. D. Nordhaus. Economics, Mcgraw-Hill Book Company. 1989.

缺乏激励机制促使它们降低成本。如几大政策性银行中国人民银行、国家开发银行和中国农业发展银行之间是各自独立的，缺乏相关机制的限制与制约，而监管机构是从人民银行中划分出来的，与其有千丝万缕的联系，从侧面可以反映出机制的不完善。

因此，在西部地区农村金融深化中，政府行为是必须的，但一定要选择合理的方式和力度，把握其行为边界，考虑到政府本身意愿、能力的结合，更好地避免政府失灵出现。

（二）政府行为边界分析

政府作为特殊的“经济人”，一方面像个人或企业一样受到资源的预算约束，即硬约束；另一方面是社会的代表，能对社会资源进行控制，并通过一定手段获取资源，即软约束。后者是政府对经济进行调节的优势，同时也会引起行为非理性。对政府行为的“度”进行探讨，主要通过构建金融深化中政府行为的效用函数，通过对金融领域政府与市场交易成本及其关系协调的分析，确定政府行为的最优点。

1. 政府行为的成本与效用函数

（1）政府行为成本分析。

市场经济中对经济主体行为分析的起点是成本分析。尽管政府在对经济、金融进行调节的过程中，提出对西部地区扶持的政策、进行相关的监督不需要通过市场交易完成，但是也存在政府行为的成本问题，并且是影响政府行为的关键因素。政府本身的运作需要各项开支费用，如在介入金融深化领域时付出的人力资源、物质资源等费用，政府在机构设置、人员调配、政策的制定与执行，后期政策效应的评估等方面的支出等。同时，对西部地区的金融扶持政策在一定程度上会抑制市场自身潜质的发挥，有“挤出效应”产生，在调节不当的情况下可能会对整体的金融形势产生影响。从另一个角度分析，政府在金融深化中的直接支出可以视为会计成本，还包括因为对西部地区倾斜而放弃的这部分资源置于其他地区或用途的收益，即机会成本。机会成本的产生源于政府公共资源的稀缺性，在此可以理解为政府有倾斜的区域经济政策的稀缺性，其存在有助于资源在不同部门和地区之间转移，直到政府行为在不同部门与地区之间的边际效益相等。这是理论上的均衡状态，而实际过程中政府很难意识到机会成本的存在，同时，边际收益相等的现象只是理想状态，在实际操作中难以对成本进行把握。因此本书主要考虑到政府行为的会计成本，也就是在社会资源一定的前提下，政府对西部地区金融深化占用多少资源，剩余资源就相应减少。

本书借助制度经济学中对制度变迁成本的定义来解决农村金融深化过程中政府行为的成本问题，并确定相关成本函数为：

$$C_g = C_0 + \sum_{n=1}^{m} \frac{c_{en} + c_{un}}{1 + R} \tag{3.1}$$

其中，C_g是政府行为的总成本，C_0是固定成本，C_{en}是第 n 年对政府行为所承担的预期成本，C_{un}是没有预期到的成本或阻滞成本，R 为贴现因子。① 政府效率将直接影响政府成本，高效的政府可以发挥工作人员的积极性，充满竞争，更多会考虑社会利益，如西部地区经济发展中的公平问题、农村居民所需要的社会环境等，而非部门利益及个人利益。同时，政府规模的扩大并不能产生经济学意义上的规模经济，反而会增加成本、降低效率。高效的部门一般规模并不大，说明政府成本与规模之间存在正比例关系，政府规模大，政府职能的扩张，相应成本开支增加。而根据公共选择理论，政府作为“理性经济人”，缺乏相应的竞争与制约机制，追求效应最大化的过程也就是规模扩大、成本增加的过程，部门内部人员之间、部门之间、地区之间受官僚作风影响，协调性弱化，管理成本提高。

① 段家喜．养老保险制度中的政府行为．北京：社会科学文献出版社，2007.

（2）政府行为效用分析。

在农村金融深化中，政府行为的效用是政府干预西部地区农村金融深化领域，并提高农村金融发展效率，形成相对公平的期望收益。但单纯从收益角度考虑，政府行为的效用更多的是以社会角度进行评价，同时，政府行为是非生产性的，其公平目标难以量化。因此，对政府行为进行评估不能像对企业一样依靠简单、传统的成本—收益分析法，如何进行尺度把握成为政府经济学和金融深化研究中的核心问题之一。本书借鉴段家喜（2007）的相关成果，通过对影响农村金融深化中政府行为效应的因素进行盘点，选择其中的关键部分，构建理论性的政府行为效用函数，即：

$$U = U(F(a,b), E(a,b)) \tag{3.2}$$

其中，$\frac{\partial U}{\partial F} > 0, \frac{\partial U}{\partial E} > 0$，U 是政府行为的效用，F 为政府行为对西部农村金融发展公平改善的程度，而 E 为政府行为对农村金融发展效率提高的程度。a 和 b 是提高农村金融效率、改善西部农村居民公平环境、缩小区域经济和农村金融发展差距的政策手段。

考虑到成本以外的因素，影响政府效用最关键的是政府行为与目标的耦合程度，即政府行为实现目标的有效性。为了提高西部地区农村金融发展效率，令其更好地为农村经济服务，逐步缩小与东部地区的金融发展差距，政府应该针对效率和公平采取不同的手段，并努力提高政策效应。中央政府与地方政府的目标不一致，也是影响政府效用的重要原因。实际上，农村金融区域之间发展的差距，在一定程度上是区域经济发展在金融领域的反映。我国自 20 世纪 80 年代以来实行中央与地方行政分权，国家对地方利益的关注，引发地方政府与中央政府之间、地方政府之间的博弈，在博弈过程中形成地方政府对金融发展的干预，强化了原本已经存在的区域经济与金融二元结构。[①]在地方政府的效应函数中，主要考虑其政绩，会为本地区发展争取更多的资源，尤其是金融资源，产生地方之间的区际竞争。对效率的充分渴望与中央政府基于公平前提下对西部地区农村金融发展的倾斜之间产生矛盾，增加了中央政府的调节成本，影响其博弈实力并最终影响政府行为效应和目标的实现。而根据经济学中边际效应递减规律，在西部地区农村金融深化中，政府相关制度随着时间推移以及经济环境、金融环境的变化，原有目标与制度的耦合程度会有所下降，同时制度本身可能有缺陷，导致行为效应逐渐递减，最后可能出现负效应。

（3）政府成本与效用的简单关系。

简单看来，与企业成本与企业收益类似，政府成本与效用之间并不是单纯的正比例关系。成本是政府行为效用的基础，而效用是对成本的回报。根据边际效用递减规律，在政府制订相关干预政策的初期，投入相对较少，而效果明显，政府行为效用较高。而随着成本的不断增加，相应效用增加速度减缓，最后甚至出现下降，这就要求政府需要适时改变制度安排，以适应已经变化的环境及应付效用减少。用图3－1来表示政府成本与效用的简单关系，其中，当成本为0～C_0之间时，政府行为效用是递增的。继续增加成本投入，效用增加程度减缓，到C_1点以后出现下降的趋势。也就是说，C_0是政府行为的有效成本，当成本继续增加时，政府效率是低下的。而当超过C_1时，政府效用是负的。

2. 政府行为最优化——一个理论模型

政府行为最优点的选择是在政府与市场之间的博弈。政府和市场是促进西部地区农村金融深化的两种不同手段，并具有替代性和互补

---

① 丁文丽．转轨时期中国货币政策效力的区域差异研究．北京：中国社会科学出版社，2005.

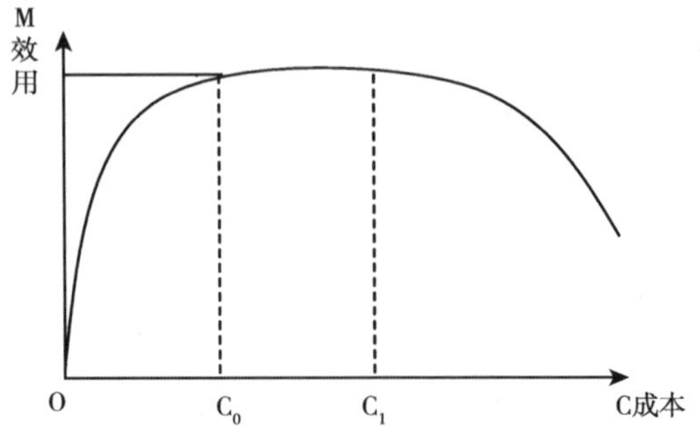

图 3－1　政府行为效用与政府成本的关系

性。在金融领域，政府和市场首先是互补的，在经过一定的边界之后，才具有替代效应。我们可以通过无差异曲线和边际替代两个视角分析政府行为最优化也就是政府与市场的边界行为。

在一定时期一定的社会经济、金融资源约束下，无差异曲线可以给社会公众带来在同等效用水平下，市场和政府两种方式选择的各种组合，如图 3－2 所示。对于无差异曲线上任意 A、B 两点，对公众来说效用是没有差异的。政府属于非生产部门，政府在对农村金融行为进行调控时面临预算约束，约束线代表社会经济条件对选择的约束。根据经济学的基本原理，O 点将成为政府与市场博弈下选择的均

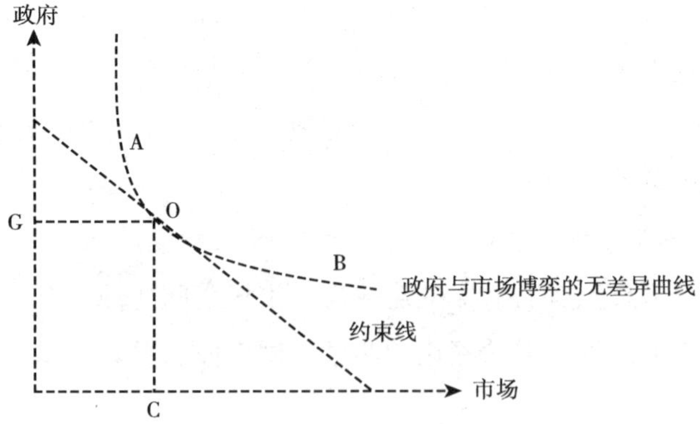

图 3－2　政府与市场的博弈

衡点。政府行为为 G，而市场行为为 C，这在理论上是政府与市场的行为边界。从边际替代视角分析，源于政府行为和市场行为的成本，是政府行为净收益与市场行为净收益的比较。在理性假设的前提下，政府行为的边界取决于政府行为的边际成本与市场行为边际成本对比，当政府的规模、范围以及政府在引导金融深化产生的成本等于金融市场本身作用下的成本时，政府与市场的边界可以确定，即政府行为再扩张一点，其边际成本就超过市场行为的边际成本而导致政府干预的不经济，政府行为是在一定范围之内的。

从理论上对最优化进行考虑，政府行为的最优点应该是政府行为边际效用等于边际成本时，使政府行为效益最大化，并以此来确定政府介入金融行为的最优程度以及政府规模的最优化，以图 3－3 来表示①。图中横轴表示政府规模，纵轴表示政府成本与效用。当政府规模为 Q_2时，政府行为的边际效用等于边际成本，此时政府行为在金融深化中的社会、经济收益实现最大化。当政府规模超过 Q_2时，边际成本将大于边际效用，引起收益受损。实际上，这仅是一个理论模

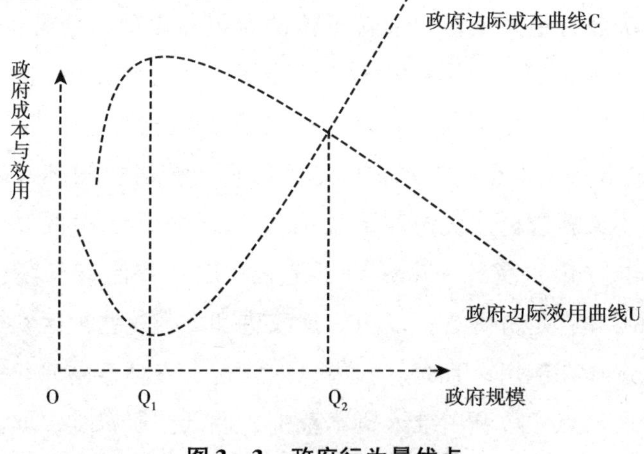

图 3－3　政府行为最优点

① 段家喜．养老保险制度中的政府行为．北京：社会科学文献出版社，2007.

型，政府真正在制订政策的过程中，更多的是考虑其目标与目标的实现，真正的最优点是在不断的实践中被证明的，而不是依靠某个模型得出的结论。同时，政府规模是动态变化的，不具有刚性，在政府引导西部地区农村金融深化的过程中，要追求不断变化的模式。且同样的资源对于不同的地区和不同发展阶段的地区机会成本不同，政府应该在西部地区经济、社会条件的约束下选择合理的定位，最大限度地发挥政府效用，实现公平与效率的统一。

三、政府行为在农村金融深化中的传导机制

政府行为有一般的传导机制，也就是政府需要依靠一定的方式实现对金融的调控。而政府对西部地区农村金融深化的影响带有明显的区域导向，主要由金融机构准入、金融市场监管、信贷控制、利率控制等几个方面作为传导机制并产生影响。

（一）金融机构准入

为解决农村地区银行业金融机构网点覆盖率低、金融供给不足、竞争不充分等问题，中国银行业监督管理委员会按照商业可持续原则，适度调整和放宽了农村地区银行业金融机构准入政策，于2006年12月提出《关于调整放宽农村地区银行业金融机构准入政策更好支持社会主义新农村建设的若干意见》。意见适用于中西部、东北和海南省的县（市）及县（市）以下地区，以及其他省（区、市）的国定贫困县和省定贫困县，以更好地改进和加强这些地区农村金融服务，首批选择在四川、青海、甘肃、内蒙古、吉林、湖北6省区的农村地区开展试点。放开了准入资本范围，调低注册资本，取消营运资金限制，调整投资人资格，放宽境内投资人持股比例，放宽业务准入条件与范围，调整董（理）事、高级管理人员准入资格，调整新设法人机构或分支机构的审批权限，实行简洁、灵活的公司治理。政府

逐步加大了金融政策供给方面的支持，促进落后地区农村形成投资多元、种类多样、覆盖全面、治理灵活、服务高效的银行业金融服务体系。

尽管近年来中国农村金融服务已大有改善，但农村金融依然存在不少问题。截至2007年年末，中国依然存在2800多个乡镇没有任何金融机构，约占全国乡镇总数的7%。根据农村金融市场发展变化的现状与国内外金融发展的新形势，央行2008年9月提出《中国农村金融服务报告》。报告认为，我国将继续放宽农村金融机构的准入门槛，继续允许成本低廉、开展简单业务、能够维持微利的各类机构进入农村金融市场，并可适当优先考虑事实上已经存在多年、有良好记录和当地民众口碑的各类小额贷款组织。

在继续优化农村金融基层网点布局、放宽农村金融机构市场准入条件、完善农村金融服务网络、加强农村金融基础设施建设的同时，为了进一步推进农村金融产品和服务方式创新，推进建立和完善多层次、广覆盖、可持续的农村金融服务体系，2008年10月17日中国人民银行和中国银监会联合发布《关于加快农村金融产品和服务方式创新的意见》，决定在中部六省和东北三省选择粮食主产区或县域经济发展有扎实基础的部分县、市，开展农村金融产品和服务方式创新试点。按照“宽准入”和“区别对待”的原则，完善和实施鼓励农村金融产品和服务方式创新的市场准入扶持政策。对于支农成效显著、风险控制能力强、推动农村金融产品和服务方式有特色的涉农金融机构，在金融产品创新和基层机构网点布局调整方面实施市场准入绿色通道，风险可控的新业务可实行备案制，并支持其跨区域兼并重组、出资设立新型农村金融机构或分支机构。如果试点取得一定成效，可以推广至西部地区进行，扩大农村金融的服务范围。

（二）金融监管

实际上，农村金融市场是非常有潜质的市场，为了促进其发展，政府一再地降低准入标准，其中对金融市场的监管以及风险控制显得尤为重要。与逐步放宽准入机制相对的是缩紧的监管制度，即坚持“宽准入”与“严监管”的有利结合，实施审慎监管。同时，考虑农村金融机构与商业银行之间业务差别与发展目标之间的区别，以及农村金融机构地区之间的差距，政府已经有意识地开始实施差别化的监管制度，并初步建立了一套与我国农村经济相适应的农村金融监管框架。

在《关于调整放宽农村地区银行业金融机构准入政策更好支持社会主义新农村建设的若干意见》中，指出强化对农村地区新设银行业法人机构资本充足率、资产损失准备充足率、不良资产率等方面的持续、动态监管。根据农村地区新设银行业法人机构的资本充足状况及资产质量状况，适时采取差别监管措施。同时，引导和监督新设银行业法人机构的资金投向，并建立农村地区银行业金融机构支农服务质量评价考核体系，以促进农村地区银行业金融机构安全稳健经营，满足农村地区的有效金融需求。在《中国农村金融服务报告》中，指出对农村金融机构在股权结构、利率和经营范围等方面进行了一些有别于商业银行的特殊规定，在注重引导资金流向农村的同时，加强对农村金融机构的审慎监管，发现问题及时处理，切实防范农村金融机构的金融风险，保持农村金融的持续健康发展。而对“只贷不存”类金融机构，降低其在信息披露、会计准则、风险控制乃至资本充足等方面的监管标准，降低农村金融服务成本。

（三）利率工具

利率作为资金的价格，其市场化进程近年来已经得到一定程度的推进，从 2003 年政府开始加快了农村地区利率市场化的改革进程。2003 年 8 月在推进农村信用社试点改革的同时，允许试点地区农村信用社的贷款利率上浮不超过贷款基准利率的 2 倍。2004 年 10 月 29 日，中国人民银行放开了商业银行贷款利率上限，而农村信用社贷款利率浮动上限也扩大到中央银行基准利率的2.3倍。从农村信用社贷款利率浮动幅度和财务可持续发展能力看，农村信用社60%以上的贷款利率处于1.5倍至2.3倍基准利率之间，加权平均利率为1.6倍基准利率。利率的逐步放开，有利于农村金融机构根据成本覆盖风险原则，合理定价，实现自身可持续发展，加强对“三农”的金融支持。放开贷款利率上限有利于推进农村金融改革，建立公平、合理的农村金融格局，充分发挥农村信用社支农“主力军”的作用；也有利于增加支农资金供应，提高农民贷款的可获得性。从长远来看，政府还应尽快放开利率限制，适时放开农村信用社贷款利率上限，使金融机构能根据自身经营成本和管理能力自主定价。相反，用行政手段压低利率，实行信贷控制，有挤出效应，会减少农村的信贷供给。同时，低利率信贷成为稀缺资源，反而使普通农民不容易得到贷款。在推进农村金融机构利率市场化改革的同时，必须逐步培育金融机构产品创新和自主定价能力，以不断提高其盈利水平。

第四章 西部农村金融深化过程中政府行为的经验

一、国外农村金融深化中政府行为的相关经验

关于农村金融的研究，不仅仅是我国的问题，更是国际社会长期关注并致力于解决的问题。对于我国这样一个区域金融差距巨大的发展中国家来说，政府依据本国国情进行相关调控的同时，有必要借鉴其他国家在金融深化、均衡区域发展差距过程中的经验。关于这部分内容，焦瑾璞（2007）① 进行了较为详细的研究。

（一）美国

美国自然资源丰富，具有发展农业的优势与基础，其农业生产的主要组织方式为高投入、高产出、高技术，是典型的资本主义农场式大农业，在生产力发展水平和经营管理方面都居于世界领先行列。美国农村金融比较发达，形成了由农村合作金融体系、政策性金融体系和农业保险体系共同组成的较为完善的农村金融体系。虽然美国也有相对落后的西部地区，有开发落后地区的经历，但其成功经验为我们西部大开发中的农村金融发展提供了相关启示。

1. 美国农村金融体系

美国在构建农村金融体系的过程中有一个重要原则，即为农业发展提供资金支持。尽管很多国家都以此作为支持农村金融发展的主要原则，但美国农村金融体系从整体上看较为完整，并体现出其多层次和全方位。

其中农村合作金融体系的建立始于20世纪初，是《联邦农业贷款法案》的产物。其主要特点有：并非由市场自发形成，而是政府干预下产生的，但同时很重视市场机制本身的作用，因此合作金融并

---

① 焦瑾璞．农村金融体制和政府扶持政策国际比较．北京：中国财政经济出版社，2007.

没有自然而然取代商业银行，通过市场竞争生存、发展。在组织结构方面由联邦土地银行、中期信用银行和合作社组成，统一由专门的农业信贷管理局领导，其中联邦土地银行的股权为全体合作社所有，也就是间接由全体借款人所有，主要提供长期不动产抵押贷款，对象为本地区农场、农业生产者和与农业有关的借款人；联邦中期信贷银行的股权逐步为农村生产信用合作社所有，主要提供动产抵押的中短期农业贷款，对象为农业生产者会员，用于农牧业生产经营；合作社银行是独立的经济实体，由专门的理事会决定经营方针，主要对农业合作社提供贷款和咨询服务，贷款涉及设备贷款、商品贷款和经营贷款三类。农村政策性金融体系由农民家计局、农村电气化管理局、商品信贷公司和小企业管理局组成，是政府主导创建的、专门针对农业发展提供融资帮助的机构，通过信贷活动调节农业生产的规模及发展方向。同时农村电气化管理局的出现，表明美国政府对农村基础设施的重视程度，成立了专门的金融机构为提高农村电气化水平提供贷款和相关担保。而美国商业银行体系发达，接近 90% 经营农村信贷业务，农业贷款占其贷款总额 50% 以上，成为合作金融体系最大的竞争对象，鉴于其机构多、接近农民、熟悉农民的信用和经营状况、贷款迅速、手续简便等特点，因而在短期融资方面具有明显优势。

1938 年美国颁布《联邦农作物保险法》，至今经过 80 余年的发展，已经形成相对完备的农作物保险业务，完全由商业保险运作管理，能够起到稳定农业生产、提高农民福利水平的作用。其运作有三个层次，依次为联邦农作物保险公司、有经营农业保险资格的私营保险公司，以及保险代理人和农业保险查勘核损人。农业保险的推广很大程度上依赖国家政府的资金支持和相关补贴，而资金来源于联邦政府资本投入、保费经营收入和政府直接拨款。美国政府对农业保险的补贴主要是对保费的补贴和业务费用的补贴，同时承担了联邦农作物保险工作的各项费用，包括农作物保险推广和教育费用。

因此，从总体来看，美国政府对农村金融的干预活动主要集中于三个方面：一是在政府指导和扶植下建立合作金融体系；二是建立政府直属的信贷机构，用以执行政府用生产控制、价格支持等方式解决农业生产过剩和购买力不足的政策；三是通过补贴、发放贷款等方式对农村金融给予支持。

2. 落后地区开发模式

美国在开发落后地区过程中以法律支持区域开发为特色。一方面，为保障“西进运动”的推进，从1785年开始制定出台了相关法律，如1854年的《地价递减法》、1862年的《宅地法》、1873年的《鼓励西部草原植树法案》、1877年的《沙漠土地法》等。而在开发南部“阳光地带”时，政府也有一系列法律的颁布，如1933年的《麻梭浅滩与田纳西河流域开发法》、1961年的《土地再开发法》、1965年的《公共工程河经济开发法》《阿巴拉契亚区域开发法》等，这使美国区域发展中具有了制度化和规范化的激励机制和保障体系。① 另一方面，由政府提供相应的财政援助，增加区域开发的资金投入。例如，在对南部“阳光地带”开发中，有意识将军事工业与区域经济开发结合在一起，加强在军事、国防、宇航等方面的投资，1975年投入308.49亿美元，到1984年得到的援助高达财政支出50%以上，有效改善了当地的基础设施环境，促进了当地飞机制造、军事重工业的迅猛发展。同时，在“西进运动”推进中，重视基础设施建设，优先发展交通运输业，促进了国内统一市场的形成，又加快了经济商品化、专业化进程。如1830～1860年对西部铁路建设投资达12.54亿美元，先后修通了南北太平洋铁路、中央与联邦太平洋铁路等重要干线铁路，通车里程数猛增。另外，依靠高科技，在自然条件相对恶劣的地区调整产业结构，推动高新技术产业，逐步形成区域增长中心，实现跨越式发展。如中西部的犹他州，35%的土地是沙

---

① 中国人民银行研究局. 中国人民银行金融研究重点课题获奖报告. 北京：中国金融出版社，2004.

漠和干旱区域，在历史上是传统的农业发展区域，20 世纪 80 ~ 90 年代期间，依靠高新技术这一新的经济增长源，实现高新技术产业化，到 1997 年年底，经济增长率一直保持在 7% 左右，成为最大的软件生产基地。

（二）日本

岛国日本受自然条件制约，农业是其弱势产业，高度依赖进口。第二次世界大战以后日本政府开始重视农业的基础地位，制定了一系列旨在保护农民和农业利益的相关法律法规，使农业随着战后经济的腾飞也开始快速发展。日本的农村金融体系是政府扶持下的合作金融模式，主要是合作金融和政策金融，并以合作金融为主。

1. 日本农村金融体系

从整体来看，日本的农村金融体系包括二重结构、三个系统和三个层次。二重结构是合作金融和政策性金融；三个系统是农业、林业和渔业部门；三个层次包括最基层市町村的协同合作单位，中层都道府县级的各种信用联合会以及高层的全国性机构，即农林渔业金融公库和农林中央金库。

日本合作金融的特色在于：第一，日本农林渔业协同组合系统办理的信用事业牵涉到农业、林业和渔业三个系统；第二，当初政府扶持合作金融的目的主要不是保障农户的资金需求，而是保障战后农地改革的成果，也就是资本主义制度下以自耕农为主体的农业，避免恢复到战前封建地主体系下的土地制度，属于“西欧式”的合作金融。但经历了 20 世纪 50 年代经济倾斜生产、70 年代急速衰退、80 年代泡沫破裂及 90 年代金融动荡之后，合作金融发展受到很大冲击，日本政府 2002 年构建了一个由农协、信联、农林中金作为总体的金融机构“JA 银行系统”，着力开展农协系统的信贷业务。从组织结构看，日本用法律明确规定了高层的农林中央金库对基础农协和信联的指导权，但对权限的界定是“可以指导”。鉴于农协和信联都是独立经营体，高层对其缺乏强制力，“可以指导”的权限被理解为集团内部自主规则的范围，并不包括行政指令方面的权限。如果基层和中层的组织不服从农林中央金库的指导，将会被JA集团除名；同时，农林中央金库不具备一些实质性的强制力，各个农协和信联在单独支配的过程中具有优先权。从业务经营看，日本农村合作金融采用三级筹措资金的方式，由下部机构逐级流向上部机构。基层农协主要提供存款和贷款业务，中层的信联社主要服务于基层农协，通过存款、贷款调节各个农协之间的资金，并指导其工作。而农林中央金库作为农协信用业务的最高机构，起到总行的作用，协调全国农协的资金活动，并按照国家法律法规指导资金运作，提供相关咨询。在合作金融运作的过程中，有相对健全的制度进行风险防范与监管，包括存款保险制度和支持农协经营制度等，从行政和行业内部两个方面进行风险监管。

日本农村政策性金融机构主要是农林渔业金融公库，按照法律、政令、规则以及条规建立，服务那些难以从其他金融机构获得资金的农林渔业者，并为其提供低息的长期贷款，主要用于基础设施的建设、改造及农林渔业经营的改善，是日本唯一跨越农、林、渔业提供服务的金融机构。其中，贷款用于农业比例最高，占50%以上。而资金特点为利息低，期限长，最长可以达55年。在贷款期间，贷款利率是固定的，但贷款者在一定情况下可申请减息，对金融机构造成的损失由政府专门机构“农林渔业振兴基金会”补偿。同时，日本政府很重视对农村金融的政府支持，除了农贷利息补贴外，还给予农民农业保险补贴，并提供存款利率优惠、税收优惠等支持农村合作金融。

2. 落后地区开发模式

与美国类似，日本在开发落后地区过程中重视法律法规的制定，形成了北海道综合开发体系。例如，1950年制定的《北海道开发法》，是战后第一部区域开发性质的法律，是北海道开发的基本法。

此外，还有一些全国范围的区域开发法律，如1961年的《促进低开发地区工业开发法》和《振兴产炭地区临时措施法》及1962年的《促进新产业都市的建设》。

为了开发北海道，日本专门成立北海道区域开发行政体系，以北海道开发厅为主形成国家层次的开发系统，以北海道地方政府为主形成地方二级开发系统。其中，北海道开发厅自1951年起制定了六次综合规划，根据当地的实际情况和经济状态的改变编制了不同目标的规划，制定了各个发展阶段的政策，并负责开发中的财政预算工作，统一管理和调整综合开发所需要的公共预算，分别分配给建设、农林、运输等部门；同时，推进各种投资开发项目的实施，并引导民间投资，对重点开发项目采取提高国库补助的特殊政策，增加国家直接管理的范围和强度，以保证国家项目在北海道的顺利实施。而北海道地方政府主要从事区域性的调查工作，完成中央政府的项目，协力进行基础设施建设，并对其管辖范围的市村町进行补助和指导。通过从中央到地方政府这一套完整的行政体制，日本确保了北海道开发中跨省、跨部门的综合开发行政。

在开发落后地区的过程中，日本成立“北海道东北开发公库”作为政策性金融中心，实施有针对性的金融信贷政策，扶植北海道区域综合开发，由北海道开发厅对其进行监管。根据国家整体区域经济政策和地区发展的需要，对当地投资项目提供长期、低息贷款，并着力于引导民间金融机构的投融资。公库主要向一些新兴事业提供发展资金，如风险较高的创新企业、基础设施等投资回报周期较长的公共事业、科技研究等低收益事业以及发展资金不足的中小企业等。

（三）印度

与我国相似，印度也是一个以农业为主的发展中大国，农业对国民经济发展起到至关重要的作用，大部分人口以农业人口为主。农业和农村经济发展不平衡，在北部和西部地区生产力水平高，农民收入好；在南部和东部地区农村经济发展比较落后。印度农村金融覆盖率很高，形成了多层次的金融体系，包括商业银行、农村政策性金融机构、农村合作金融机构和农村保险体系，相互之间有不同的分工合作。印度政府很重视农村金融体系的完善，因此印度的农村金融机构发展存在强烈的政府行为特色，取得了一定的经济效果，但也存在一些可持续发展方面的问题，值得引起我国农村金融发展的警示。

印度农村的商业银行体系建立有一定程度的强制色彩，通过1969年和1976年国有化改造，推行面向偏远地区农村的政策，采取相对灵活的经营业务，重点支持农业和家庭手工业。由此形成了遍布全国城乡的银行网，为广大落后农村地区发展提供了发展需要的资金，用于购买农业机械、牲畜，发展果园种植等，还提供诸如向农产品销售机构提供低息贷款等的间接支持，在促进这些地区经济发展方面起到了重要作用。但市场经济的本质决定了这种强制性方式下银行经营效率的削减，商业银行在农村金融中的地位不断下降。印度农村政策金融系统相对复杂，有农村地区银行、国家农业和农村开发银行等，后者居于核心地位，属于央行和政府所有。其业务既要保证目标人群取得所需要的资金，又要保障较高的贷款回收率，因此贷款发放和回收都按照市场规则进行；而资金来源渠道较多，除了公开市场筹集、政府担保发行债券等常用方式外，还从储备银行贷款，从其他银行拆借资金以及利用德国重建银行和世界银行的贷款等。印度合作金融机构有两种：一种是我们熟悉的信贷合作社；还有一种具有特色的是土地开发银行。为了满足长期信贷需要，印度土地开发银行于1920年成立，通过中央银行和发行债券获得资金，以土地抵押的方式为农民提供5～10年不等的长期贷款，用于购买价格较高的农业设备、改良土壤、赎回地主扣押的土地等。组织形式包括中心土地开发银行和初级土地开发银行。印度的农业保险体系建设也具有一定的强制性，体现在进行生产性贷款的农户必须参加相关农业保险、其他的牲畜保险等，可以自愿加入，由农户自由选择。

从发展模式上看，印度农村金融的模式主要有两种。一是互助小组模式，由互助小组向银行存款，用存款和小组信用作为抵押向银行贷款，政府给予银行再融资支持。互助小组还款率高，盈利较好。二是ICICI BANK和SHARE合作模式，将小额信贷机构的贷款组合证券化卖给商业银行，没有资产作为抵押，但是以8%的乡村机构存款作为损失保证。通过这种模式，市场规模扩大，帮助ICICI开发了原来无法开展业务的农村客户，并通过损失保证起到资产风险控制的作用。同时令SHARE获得稳定的资金来源，资产流动性得到提高。

印度政府在农村金融发展中功不可没，对农业提供大量补贴，对农村金融机构给予一定的利率补贴，对商业银行农村信贷实施差别利率政策，保证农民获得金融机构的优惠利率。同时，重视小额信贷发展，替代了“农村综合发展项目”作为新的扶贫开发计划，具有可持续性。

（四）巴西

巴西在开发落后地区过程中形成了有特色的“巴西模式”，这主要得益于以下三个方面的措施：第一，1940年，为了解决区域发展不平衡问题，开展“向西进军”计划，并将首都内迁作为实施计划的第一步，期望通过国民经济重心转移带动西部落后区域开发。1960年，新都巴西利亚建成，以其为中心的公路、铁路网络建设完成，基础设施建设取得很大的进展，带动了偏远落后地区的发展。第二，按经济发展结构和特点划分区域开发范围，成立针对每个区域的开发机构，如东北部开发管理局、中西部开发管理局、亚马逊地区开发管理局等，专门负责各个区域的开发。第三，与美国类似，根据各个地区的资源和发展优势，建立区域经济“发展极”，每个“发展极”有自身的特色和优势，形成了新的区域经济增长中心，促进了地区经济之间的均衡发展。

二、对中国西部地区的经验借鉴

通过对几个国家落后地区开发模式、各国农村金融发展体制的比较，以及对其中经验和存在问题的认识，我们得到一些经验，可以对西部地区农村金融深化提供相关启示。

第一，中国开发西部落后地区过程中，要提高金融深化尤其是农村金融深化程度，需要强有力的政府干预。区域经济学的经典理论“累积因果论”认为，市场的作用在于扩大而不是缩小区域之间的差距。在单纯的市场机制作用下，区域发展之间出现差距，经济发展较快的地区更容易为自己积累有利因素，而进一步拉大与落后地区的差距，制约其发展。美国、巴西等国开发落后地区的经验表明，强有力的政府干预是必要且可行的。美国“西进运动”的成功，不仅对国内稳定起到了关键作用，更带动了国家经济的高速发展，取得了明显的政治、经济和社会效益。因此，我国在开发落后地区并提高西部地区农村金融深化程度的过程中，需要政府强有力的参与、支持，承担西部大开发的任务，提供相关金融支持。

第二，有必要成立统一的针对落后地区的农村金融开发机构。尽管我国有农业发展银行、国家开发银行等政策性金融机构，但没有专门针对西部落后地区的金融开发机构。在西部大开发的过程中，只有中央层面具有专门的西部大开发办公室，与地方进行协调时经常出现不和谐；而农业发展银行作为农村政策性金融机构，有其自身原有和后天的局限。而美国为了支持落后地区开发，专门成立全国权威机构——地方再开发署和经济开发署，协调各个部门和区域之间的开发工作，还有专门的田纳西河流域管理局。日本也有专门的政策性金融机构北海道公库，为开发北海道地区提供金融支持。两国的成功经验启示，政府牵头成立稳定的农村金融开发机构，健全管理机制，制订完整的科学发展规划，是落后地区经济起飞、金融深化的先决条件。

同时，这种方式可以确保落后地区开发所需资金具有长期稳定的来源，并能更好地引导民间金融机构发展，投资扶持资金匮乏的乡镇企业等。

第三，重视法律支持，将相关规定以法律条文的形式确定下来，以保证政府相关政策的执行和力度。日本、美国等市场经济相对发达的国家在开发落后地区时，先后制定、通过了很多相关法律，将很多规定以法律的形式明确，对日后经济发展过程中遇到的种种问题起到了重要作用。而巴西在区域开发中主要采用“方案”“规划”等形式，容易受到人的主观意志影响，并受政府更迭和国内外形势变化波动的影响，不具有连续性和强制性。实际上，巴西落后地区开发过程中也确实出现过很多这方面的问题，给国家造成了一定程度的损失。我国为开发西部也制定了相关规划等，有关部门也经常出台与农村金融深化相关的文件与报告，但以法律的形式确定政策执行力度是有必要的。近年来，尽管有学者将我国西部大开发过程中的政策法规编成《西部大开发相关政策法规汇编》，但很多专家学者开始呼吁以立法的形式保证西部大开发的进一步实施，加快制订西部开发的相关法律。总之，加快相关立法建设是保证西部地区农村金融深化的进行一条宝贵经验。

第四，强调区域“发展极”战略。在西部大开发过程中，可以确定相关城市为金融发展中心，为区域金融发展起到辐射带动作用。美国、巴西在区域开发过程中根据增长极理论确定了“发展极”，形成了新的区域经济增长点，带动了落后地区发展。从区域金融角度分析，金融中心的形成有利于形成规模经济与金融集聚效应，金融资源在空间上的集中可以节约成本，并能从整体上带动一个区域金融资源配置效率，促进区域金融的发展。同时，区域金融中心可以带动周边地区发展，实现区域金融深化与金融创新的相对均衡。在我国西部地区，有一些城市提出建设我国区域金融发展中心的设想，如西安、重庆、兰州等，而乌鲁木齐曾经提出致力于建设成为中亚地区的区域金融中心。构建区域金融中心，一方面需要政府力量的介入，实施积极干预的金融政策；另一方面，从市场视角看，区域金融中心的形成，必须具备一定的区位优势，拥有相对完善的金融体系、良好的政策法律环境、配套的人力资源储备等。因此，确定西部地区的金融发展中心，对于农村金融深化和区域金融均衡发展具有重要作用，是西部地区农村经济追赶的条件之一。

第五，在推进农村金融深化的过程中，强调落后地区发展“造血功能”，实现农村区域可持续发展。强化西部地区农村金融深化的根本目的，是为西部落后地区农村经济发展提供必要的资金保证，推动农村开展各种项目，以取得经济发展的动力支持。在这一过程中，强大的农村金融机构不但可以为农户提供资金支持，更重要的是保证农户发展方案切实可行，能保证在得到银行贷款一定时期内，通过各自的途径独立发展经济，步入农村经济发展的良性循环。金融机构有其盈利性，因此，对农村经济的带动是开发性的，能实现落后地区的“造血功能”，促进区域经济的可持续发展。

第五章 西部农村金融深化过程中政府行为的直接方式

——金融制度安排的区域倾斜

一、货币金融政策区域差别化的选择

欧元的诞生在欧洲货币一体化进程中具有里程碑意义，同时也标志着世界区域经济一体化发展的趋势。作为欧洲货币一体化的理论基础，最优货币区理论与现实的关系越来越密切，并得到学术界的重视。中国作为一个大国，是否符合最优货币区域，应该采用统一抑或有差别的区域金融政策，对于我国区域金融的均衡发展具有重要意义。

（一）最优货币区理论及其发展

《新帕尔格雷夫经济学大辞典》对“最优货币区”的解释是一个最优的地理区域，在这个区域内一般采用单一货币作为支付手段，或者有几种货币存在但相互之间具有可兑换性；区域内汇率相互盯住，而对外统一浮动；区域内采用单一的货币政策，也被称为“单一政策区域”。最优货币区理论是国际货币金融政策协调理论的组成部分，其主要研究内容是固定汇率的最佳实行范围，其理论精华是确定最优货币区域的主要标准。该理论兴起于20世纪60年代，经历了由传统的单一指标法向综合分析法逐步过渡的发展轨迹①。出于简化问题的目的，我们在书中仅考虑传统指标。

在对固定汇率和浮动汇率的争辩过程中，罗伯特·蒙代尔于1961年在其论文《最优货币区理论》中首先提出了最优货币区理论，并强调用生产要素的高度流动性可以作为确定最优货币区的标准。他认为，需求转移是一国出现外部失衡的主要原因，而浮动汇率只能解决两个不同货币区域之间的需求转移，不能解决同一通货区内、不同地区之间的需求转移，而解决后者的关键是生产要素的流动。因为在

① 姜波克．国际金融新编．上海：复旦大学出版社，2001.

一个货币区域内部，劳动力和其他生产要素是自由流动的，可以依靠要素的转移来消除需求转移造成的冲击。因此，蒙代尔强调生产要素的流动性是货币区域内的平衡机制，而弹性汇率是不同货币区域之间的平衡机制。

麦金农（1963）[①] 指出，应该以经济的高度开放性作为确定最优货币区的标准。他将社会总产品分为可贸易商品与不可贸易商品两类，经济开放程度与可贸易商品在社会总产品中的比重呈正相关关系，即比重越大，经济开放程度越高。但是，在一个经济开放程度很高的国家难以实行浮动汇率制度，因为：一是会引起进口产品价格的上涨，由此引发国内物价剧烈波动；二是汇率变动对于经济开放国的居民来说影响较大，由于货币幻觉的逐渐减弱，本币的贬值或升值都会造成居民实际收入的变动；三是开放程度高的国家对进出口依赖度高，需求弹性小，对汇率调整的幅度要求就较大。麦金农主张由贸易关系密切的国家组成相对封闭的共同货币区，在区内实行固定汇率安排，更有利于宏观经济目标的实现。

凯南[②]（1969）提出以产品的多样性作为形成一个最优货币区的标准。与蒙代尔一样，他也认为国际收支失衡的主要原因在于宏观经济的需求波动。他认为一个产品相当多样化的国家，其经济结构和出口产品也是多样的，可以抵御进口需求的冲击能力较强，对国际收支等影响较小。同时，产品多样化程度高的国家与不同的国外需求冲击具有一定程度的抵消机制，能减少外部动荡对经济的冲击，出口收益相对比较稳定，可以承受固定汇率的后果。

---

① Mckinnon, R. Optimum Currency Areas, American Economics Review, Vol. 53, Sept. 1963.

② Kenen, P. The theory of Optimum Currency Areas: An Eclectic View, in Motetary Problems of the International Economy, ed. By Robert Mundell and Alexander Swoboda, Chicago: University of Chicago Press.

詹姆斯·伊格拉姆[①]（1969）认为，在决定通货区的最优规模时，有必要考察一个国家的金融特征，并于1973年指出金融一体化程度应该作为最优规模的标准。一个区域内各国国际收支清理与资金的流动情况相关，尤其与缺乏长期证券的自由交易相关。如果国际金融一体化市场并不充分，那么外国居民会选择短期证券作为主要交易产品，因为其中的汇率风险可以通过远期市场来规避，但这将导致各国利率结构的巨大差异。而在高度一体化的国际金融市场下，国际收支失衡下利率发生变动，会引起均衡性资本的流动，从而避免汇率的波动。

爱德华·托尔和托马斯·威莱特[②]（1970）提出用政策一体化作为确定最优货币区的标准。他们认为，一个货币区域一般来说内部调节机制并不是特别完善，在这种情况下能否成功，关键在于成员国对通货膨胀和失业的态度是否具有一致性。一个不能容忍失业的国家是难以同另一个不能容忍通货膨胀的国家在政策取向上保持一致的。因此他们建议以政策合作作为国际收支平衡机制，建立超出国家的、统一的央行以及财政制度。

哈伯勒（1970）和弗莱明（1971）指出以通货膨胀率的相似作为确定最优货币区的标准。他们认为，通货膨胀率是引起国际收支基本账户失衡以及短期资本投机性移动的主要原因。因此，如果区域内部国家的通货膨胀率趋于一致，就可以避免汇率波动带来的影响。

（二）中国是否最优货币区的判断

最优货币区是货币交易成本与货币政策调控之间的矛盾进行协调

① Ingram, J. Comment: The Currency Area Problems, inMotetary Problems of the International Economy, ed. By Robert Mundell and Alexander Swoboda, Chicago: University of Chicago Press.

② Tower, E. and Willett. The Concept of Optimum Currency Areas and the Choice between Fixed and Flexible Exchange Rates, ed. by George N. Halm, PrincetionUniversity Press.

后的产物，能够同时实现宏观和微观上经济效率的最大化，从而促进这个区域经济一体化和金融一体化的进程与发展。而最优货币区可以大于一个国家的范围，也可能小于一国范围。由于欧洲货币一体化的不断推进直至最后成功，更多人将这一理论关注于若干个国家是否适合组成这样一个区域，来实现货币一体化的进程。而实际上，一个国家内部的经济状态是否符合最优货币区的判断，也是非常必要的。

克鲁格曼（1992）① 对美国新英格兰地区进行分析后，得出的结论是：在范围上不断扩大货币共同区域，并不一定能形成最优货币区。如果新英格兰地区是一个独立的货币区，就很有可能避免该区域在20世纪80年代初出现的经济过热和80年代末的经济衰退。众所周知，美国是世界上要素流动性较高、经济和金融一体化程度较高、经济对外开放度较高、产品多样化程度高的国家之一，而克鲁格曼通过实证分析竟得到这样的结果。而中国是一个区域差距巨大的国家，东、中、西的非均衡状态是长期发展形成的结果，通过我们第二章对农村金融区域发展的实证分析，中国在农村金融发展上并不是处于一体化发展的状态。除了农村经济发展、市场化程度等方面的区域差别外，金融资源在各个区域的分布存在差异较大，金融运行过程中每个区域的效率差别也很大，农村金融深化的不同步性说明我国距离金融一体化还有一定的距离。同时，农村市场经济的相对欠缺以及经济体制在转轨过程中表现出来的刚性，使经济发展过程中出现一定程度的“回波效应”，加剧了农村经济结构的差异与区域经济发展的不平衡。因此，单从农村金融发展角度来看，中国并非一个最优货币区。丁文丽（2005）② 从资本和劳动力等生产要素的分布入手，认为其在中国各区域分布差距较大，各区域在进出口、引进外资等对外开放度方面

---

① P. Krugram. Second thoughts on EMU. Japan and the world economy. 1992.

② 丁文丽．转轨时期中国货币政策效力的区域差异研究．北京：中国社会科学出版社，2005.

差异也很显著，整个金融抑制与金融深化在全国范围内并不同步，且统一货币政策下效力出现明显的区域差异性，因此她认为中国目前不是一个完全意义上的最优货币区。范祚军[①]（2007）以人均货运总量、从业人员比重等指标入手，对我国物质要素和劳动力要素流动性进行分析；以进出口总额占地区生产总值的比重为指标，对我国经济开放性差异进行分析；以 Panel Data 模型为基础，对金融政策冲击对称性问题进行分析，得出的结论是：我国不能构成一个最优货币区，应该采取不同的政策，即需要独立的货币政策。

从以上分析我们不难看出，中国目前并非一个最优货币区，具体到农村金融发展方面，统一的货币金融政策对各个区域的影响效果存在一定的差异，并会影响农村金融甚至农村经济的均衡发展。为了增加货币政策执行效力的对称性，有必要实施区域差别化的货币金融政策，逐步缩小农村金融的区域差异，引导农村经济的相对平衡。

二、政府行为的选择——全国统一与区域差异的有机结合

对于中国这样一个非最优货币区的大国而言，农村经济整体上的同质性已经逐渐被地区之间的发展差异所取代，并由此引发了农村金融发展的非均衡状态，反过来成为影响农村区域经济平稳运行的主要因素。政府作为宏观调控的主体，如果继续完全按照最优货币区理论的假设为出发点，必然会影响到政府行为的效果，货币政策效力也会在区域之间产生非对称性，政府行为的必然选择是全国统一与区域差异货币政策的结合。

---

① 范祚军．区域金融调控论．北京：人民出版社，2007.

（一）全国统一与区域差异的内涵

邓小平在历次宏观调控中都充分强调中央政府的权威地位，例如，在1978年就宏观调控曾有过这样的建议："我国有那么多省、市、自治区，一个中等的省相当于欧洲一个大国，有必要在统一认识、统一政策、统一计划、统一指挥、统一行动之下，在经济计划、财政和外贸方面给予更多的自主权。"他认为宏观管理一定要充分体现中央政府的权威，在统一指导的前提下进行。但是，我国目前的形势是区域经济与金融发展呈现明显的二元特征，与大的统一的货币政策形成矛盾，在这种背景下中央银行在保持政策原则统一的前提下，适当实施区域差异的政策，是为上策。

全国统一与区域差异的货币政策的内涵，主要在于统一是前提，是货币政策执行首先要满足的条件，必须要保证央行统一制定货币政策，统一的货币传导机制以及顺利实施。在此基础上，在宏观方面从货币政策工具上进行一定的区域倾斜；在微观方面从金融市场入手，考虑到不同经济发展条件下的区域对同样的货币政策会有不同的反应，在不同区域推行差别化的政策，是统一基础上区域差异货币政策的表现。在全国统一与区域差异下，必须同时满足宏观政策的统一性与区域内微观金融主体之间的利益，保证区域内金融机构的活力。在政策制定时，央行首先要出台一个最基本的政策，然后以此为标准考虑地区差异，赋予地方一定的权利，加大政策实施力度。那么以往的统一目前有可能并且有必要被打破，同时在此过程中必须要考虑以下几点：第一，保证宏观经济的平稳运行。一般而言，区域经济发展的差异与宏观经济形势是一致的，也就是宏观经济发展高涨意味着区域经济发展差距的加大。在实施区域差异的货币政策时，地方政府必须服从中央的一切安排，以维护宏观经济的稳定运行和区域经济的协调发展。因此，地方政府行为边界非常重要。第二，在政策制定时保证宏观调控环境的适应性和宏观调控的有效性。也就是说，区域处于稳定的状态下，保证宏观机构所处的环境和提出的政策符合当地需要，适应当地经济发展水平，使金融和经济能尽快融入一起。同时保证货币政策能顺畅得到实施，直接作用于金融机构，使金融机构可以按照央行的意图进行改革，有效促进金融资源的优化配置。第三，保证不同区域金融运行有不同的方向。东西部地区有着完全不同的金融调控方式，对东部发达地区而言，应该注重推动其金融辐射能力，加强金融中心的作用，逐步形成资金的回流，带动中西部地区经济发展；而西部落后和萧条地区，在相对宽松的政策环境下，能做到发展适合其经济水平的金融形式，并能促进当地的货币化程度、提高资金使用效率，完善金融市场发展就可以，与东部地区有不同的地位与发展要求。

（二）央行体制的改革方向探讨

由于经济过热、流动性过剩的宏观局面，央行宏观调控的力度很大：2007 年中国人民银行一年之内连续六次上调金融机构人民币存贷款基准利率；从 2006 年 7 月到 2008 年 6 月，连续十几次上调存款准备金率，使存款准备金率达到 17.5% 的历史新高。这些都充分说明了央行宏观调控、治理经济过热、抑制物价上涨的重要决心，但是从执行力度和最终效果来看，并没有达到预期的效果。同时，在货币政策实施过程中，关于区域问题考虑不多，从中央到地方执行货币政策的手段和力度都是有区别的，在一定程度上也影响政策效力，由此引发了关于央行本身体制改革方向的探讨。

央行的体制始于 1998 年启动的相关改革。为了减少地方政府对央行各分支机构的干预，中央银行选择参照美国的相关模式，按照经济地域而不是行政地域，成立了九大区行。美国联邦储备体系享有很大的独立性，被很多专家学者认定为研究央行独立性的典型。当时，这九大区行的职能主要包括执行货币政策，对除保险、证券以外的金融机构业务进行监管。但 2003 年，随着央行将金融管理职能分离到银监会，九大区行的功能被大大削弱。2004 年，同样是紧缩之年，央行又将货币信贷职能由大区管理改为由省会中心城市支行负责，同时还将杭州、福州等五个中心支行升格为由总行直接管辖。其实，央行成立九大区行，在当时看来一定程度上减少了地方政府对货币政策等宏观调控的干预，维护了央行的独立性，在管理体制上进行了创新。但是需要指出的是，这同时也导致央行进入地方以后管理能力的大大降低和弱化，因为中国的地方大区行并不像美国地方联储那样，具有很强的政策研究能力和执行能力。因此，大家有目共睹的事实是，央行那几年的货币政策执行效果都值得商榷，并没有为人所称道。

在这种情况下，央行怎样才能更好地解决目前的问题，处理好中央与地方政府的关系，处理好统一调控与区域差异的关系，是对央行目前行政体制的一个挑战。从货币政策的传导机制来看，央行如果恢复以前的体制，每个省区的中心支行升级为省分行，可以更好地利用省级中心支行的作用，能发挥“窗口指导”的优势，通过加强省级行的权限对商业银行等金融机构进行信贷管理和指导，使货币政策的传导机制更加顺畅，有利于货币政策的顺利实施和预期目标的实现。同时，对于央行处理区域差异来说，给了地方政府相对较多的权利，可以制定符合本地区经济发展的银行发展战略，在央行有意识的调控下，能尽量缩小在金融深化方面的区域差距。而省级以下的分行，如果适当地选择与其他几个金融监管机构进行合并，作为服务于地方金融发展的机构会有更高效率，只是在这种情况下，不具有实际可操作性。当然，这种恢复可能会产生以前的老问题，也就是地方行政干预，但是改革的方向是市场化的，在一个成熟的市场经济体系下，央行的独立性不应该受到质疑。这可以通过央行自身的操作得以最大程度的避免，如加强调查研究，及时获取地方的信息，防止地方政府不良干预。而在改革的过程中，宏观形势是随时发生变化的，在目前行政区划色彩依旧浓重的前提下，央行仅仅考虑自身独立性的体制改革并不能取得完全效果，应该确定市场化改革的基本方向，根据宏观经济形势的改变适时做出相关调整，兼顾中央与地方的利益，逐步缩小在日渐扩大的区域差距，真正实现中央银行的职能和目标。实际上这是一个长期需要研究的课题，不可能确定一个体制永远执行下去，需要几代金融业界人士不断探索，发掘一套适合中国国情的、高效的中央银行体系。

三、货币金融政策区域差别化的构建

中国目前发展最能称为“瓶颈”的问题无疑是“三农”问题，即农民、农业和农村问题。实际上，“三农”问题在三大区域表现的重点并不一样。在东部地区，经济相对发达，农业产业化、规模化经营得到大力发展，农村城镇化水平较高，因此农村问题是东部地区“三农”问题的关键；而对西部落后地区来说，首先需要解决的是农民问题，农民基本生活和生产是“三农”问题得以解决的重中之重。在对我国农村区域金融进行实证分析的过程中，我们得出中国农村金融仍然处于区域不均衡发展的状态；以最优货币区理论为基础，我们认为中国目前不是一个完整的最优货币区域。因此我们指出，在进行农村金融改革的过程中，必须体现出区域差别化以及对西部地区有目的的倾斜，而如何做到兼顾“三农”与金融机构的利润最大化，是政府制度安排的关键。

（一）宏观方面——货币政策工具的区域倾斜

提到货币政策工具，我们首先想到的是“三大法宝”，即再贴现政策、存款准备金政策和公开市场业务。作为传统的一般性政策工具，其对金融活动的影响是普遍的、总体的，其实施对象是整体的宏观经济，而非个别企业或个别部门。因此，在农村金融区域均衡发展过程中，三大政策工具在实施时需要体现一定程度的差异。在再贴现政策方面，央行主要通过对贴现率的控制来调节与干预市场利率以及货币市场的供给与需求，以此来影响市场货币供应量。当商业银行需要资金时，将以其对企业贴现的票据向中央银行进行再贴现，而贴现率就是央行向商业银行的放款利率。对西部落后地区的农村金融机构而言，在总量、结构和效率方面与东部发达地区存在一定差距，运行风险较大，而经济收益相对较低。央行应该给予适当的照顾，通过降低贴现率来鼓励农村金融机构在需要时向央行进行借款，在一定程度上降低资金成本，使可利用的资金增加，能提高农村居民与乡镇企业对资金的需求，扩大金融机构的信贷规模和货币供给量。因此，再贴现、再贷款政策向欠发达地区倾斜，有助于扩大金融发展规模，缩小农村金融发展的区域差异。

存款准备金率是央行近年来在进行宏观调控时使用最多的货币政策工具，截至 2008 年 6 月，央行年内已经五次上调存款准备金率，上调后存款类金融机构存款准备金率达到 17.5% 的历史高位。央行同时宣布，对于 6 月这次准备金率的调整，地震重灾区法人金融机构暂不上调。可以说，央行一直有意识地实施差别化的存款准备金率政策。早在 2004 年广发银行、光大银行和深发展已被执行差别存款准备金率，其准备金率要求较基准水平高 0.5 个百分点；而 2007 年农行被进行窗口指导，并被实施差别存款准备金政策，从 8.5% 调至 9%。这在央行宏观调控的历史上也是一种突破，但是这种突破并没有明显地体现在区域上，更多的是对不同金融机构的关注，是一项与资本充足率制度相辅相成的货币政策调控制度。对农村金融发展而言，农业银行的存款准备金率单独被调高，虽然是考虑到资本充足率的历史因素，但新农村建设需要大量的资金投入，这一举措在这个意义上讲，让人产生了一定的疑义。而从区域角度来看，央行应该适当降低西部落后地区农村金融机构的法定准备金率，使金融机构可以把这部分超额准备金贷出，扩大该地区的信贷总量，进而调节货币量，解决落后地区农村发展需要的资金问题。但在真正执行的过程中，考虑到央行关注的不仅仅是区域差别问题，更重要的是金融的整体运行及宏观经济的健康发展，如何兼顾多重目标，如资金需求与金融安全，仍然是需要我们长期致力解决的问题。

公开市场业务一般是央行在证券市场公开买卖各种政府债券，以此调节货币供应量，影响利率水平。中央银行在区域金融市场上买进或卖出有价证券从事公开市场业务，也可以达到调节区域信贷活动和货币量的目的。要采取公开市场业务，并想达到预期的效应，一方面对买卖证券的数量和种类都有较高要求，如果同一天买进和卖出的证券数量和种类一致，则既不能达到改变货币供给量的效应，也不能改变利率的期限结构，对社会投资结构调整的能力将被弱化；另一方面需要高度发达的证券市场，并且该市场应该具有一定的深度、广度和弹性，且中央银行需要有足够的库存债券，才便于其操作。但是在我国，尤其是农村地区，金融市场不发达，地方政府不准发行公债，所以公开市场业务对区域金融调节能力较弱，在具体实施的过程中将会面临很多问题和困难，难以应用到缩小农村金融发展的区域差异上。

需要注意的是，利用有差别的政策工具可以缩小农村区域金融发展的差异，但在操作过程中，简单地运用单一工具未必能达到区域金融发展的政策目标。且每个货币政策工具都有其局限性，不可能一劳永逸地解决所有问题，在实际运用时，应根据不同区域农村的特点以及政府行为的具体目标，考虑宏观形势的变化，采取能发挥各个区域比较优势、有利于农村资金配置的政策工具组合。

（二）微观方面——农村金融市场的区域倾斜

1. 西部地区农业政策性金融制度的有效供给

对于西部农村地区而言，利用正规的商业性金融成本较高，风险较大，加上商业银行如中国农业银行等逐步退出农村金融市场，必须充分利用政策性金融的优势，强调国家对落后地区的扶持和帮助。

作为农村金融市场上的政策性供给，农业发展银行是以国家信用为基础，主要承担国家规定的农业政策性任务，代理财政支农资金的拨付。其当初成立的本意是切断农业政策性贷款尤其是粮食收购款与基础货币之间的联系，解决粮食、棉花等收购资金对基础货币的倒逼机制。而在十几年的运行过程中，农发行凸显诸多问题，在扶贫开发、贷款业务等方面存在很多不尽如人意之处，如资金来源渠道单一、不合理，资产质量较差，财务状况恶化等。到1998年，农发行的扶贫贷款等业务重新划分到中国农业银行，仅保存着粮食收购贷款业务。然而我国粮食体制改革已经基本上顺利完成，粮食价格也趋于合理，粮食资金的运行不应该成为农发行主要的业务往来，而应该交由粮食储备的相关部门和市场去解决。因此，从根本上看，农发行逐步失去了政策性银行应有的地位，完全没有发挥政策性银行应有的调节作用。而作为在历史上曾经扮演过重要角色的政策金融机构——国家开发银行，对于区域协调发展和产业结构的调整，以及支持县域经济发展，推动新农村建设发挥过巨大作用。而国家开发银行处于向商业银行改制的转轨过程中，如何更好地发挥其在西部大开发中的作用，推动农村金融开展与建设，也是一大难题。

随着国家开发银行逐步有序的商业化改制，关于农业发展银行改制的话题依旧是相关部门与学术界共同关注的焦点。对西部地区的农业发展银行而言，在这种形式下需进行功能的重新定位，完全区别于商业银行，真正实现其政策性银行的地位，为落后地区的开发提供足够的资金和技术支持，填补商业银行空白，实现农发行的改革与突破。作为单纯的政策性银行，农发行必须肩负改善西部地区经济现状的重任。在推动现代农业发展方面，需要在农村基础设施建设方面给予适当的贷款优惠政策，如兴修水利、交通工程、技术推广等，不仅需要提供建设资金，还要提供技术资金，逐步实现传统经济方式向现代化农业生产的转变；同时，必须兼顾到农村的可持续发展，在环境整治、生态保护等方面有意识地进行资金倾斜，真正发挥政策性银行对于西部地区经济腾飞的作用。另外，应该根据经济状况的改变适时给予乡镇企业必要的帮助。众所周知，乡镇企业对于农村 GDP 的贡献至关重要，在有条件创业的农村地区，政策性银行对于乡镇企业的扶持是一个行之有效的手段。西部地区乡镇企业发展与东部发达地区是有差别的，在资金规模、技术手段、管理经验、信息来源上与江苏、浙江、广东一带的乡镇企业不可同日而语，因此农业发展银行必须适时充分扮演政策性银行的相关角色，除了提供贷款以外，还要对商业银行发放的贷款提供适当的担保，以保证贷款风险的转移和政府扶植意图。

需要指出的是，国家开发银行已经逐步完成向商业银行的改制，但其体制的彻底转变需要一定的时间，在这种过程中，应该继续有侧重地发挥其对新农村建设的作用。以甘肃省国家开发银行为例，在执行中国银监会农村“金融新政”的过程中，其成为“村镇银行”开展的股东之一，这对于西部地区农村金融发展而言是一个良好的信号。因为在农村金融发展的过程中，降低准入机制的同时，还有诸如监管、经营、管理等问题存在，国家开发银行入股，在这些问题上将为村镇银行的顺利开展和农村金融深化的进一步实施提供帮助，关系到新型农村金融业机构的开展，值得多方共同期待。

2. 西部地区多元化农村商业性金融机构体系的构建

促进西部地区农村金融发展，缩小区域差距，金融机构的多元化也是一个必然的选择。金融机构的多元化是金融发展的重要标志，多元化的农村商业性金融机构构建，能在一定程度上刺激有效竞争，提高资金的配置效率，更好地解决西部地区资金需求得不到满足的情况。

（1）西部地区农村信用社何去何从。

1999 年开始，四大国有商业银行逐步从农村市场撤出，各地农村基金会也遭到关闭，农村信用社已经成为农村金融中占据主要地位的商业性金融机构。但是在对农信社的区域发展进行实证分析以后，我们知道由于其自身发展的不足以及外在各种非经济因素的影响，西部地区农村信用社的支农功能受到一定程度的制约。因此，农村信用社的进一步改革，尤其是西部地区农村信用社何去何从，是必须全力解决的问题。而政府在这一问题上已经有意识地进行因地制宜，分类指导，体现区域差异。国务院2004年关于农村信用社产权改革的通知中曾经指出："改革农信社产权制度，要根据不同地区，区分不同情况，逐步实行股权结构的多元化和投资主体的多元化，有条件的地区可以进行股份制改造，对暂不具备条件的地区可比照股份制原则和做法实行股份合作制，股份制改造有困难而又适合搞合作制的也可以进一步完善合作制。"

国有银行撤出，实际上给了农村信用社更大的空间，同时也带来了更多问题，例如，在缺乏竞争机制的条件下，农村信用社要想发挥农村金融"老大"的作用，并带动西部地区农村金融深化以及农村经济的进步，必须改变传统的自我定位。中央政府也曾经多次进行过农村信用社改革，但效果都不尽如人意。实际上，农村信用社应该从农户的需求入手，由被动到主动，放低姿态，改变以前农民眼中高高在上的形象。只有这样才能真正立足农户的现实，并能了解农户的金融需求及其意愿的满足方式，追踪资金的使用情况。也就是说，用金融功能观取代以前的金融机构观，充分考虑外部环境与金融系统之间相互耦合的关系，选择符合环境对金融系统要求的金融形态以及实现机制。信用社也是法人机构，不可能要求其为了农民的利益做到"不以盈利为目的"，从农户的需求出发，可以重塑农村信用社的信誉，提高资金发放与回收效率，形成需求引致型金融发展模式，解除因需求导致的金融抑制。而在体系建设方面，农村信用社改革应该借鉴美国的经验，进行分层，建立中央、地方、基层三个层次的金融机构，每个层次有自己的职能，这样对于西部地区来讲，有专门的地方机构可以设置以西部地区经济为导向的发展目标和指导意见，能够为基层信用社信贷结构的优化和支农效益的提高进行协调。这样才能从根本上解决西部地区农村金融脆弱性问题，改变其在区域金融中的地位，缩小东西部差距，同时不至于令改革像以前一样无功而返。

（2）西部地区其他商业银行的农村金融业务如何突出重围。

商业银行在一定程度上讲是完全追求利润最大化的金融机构，而农村金融市场自身的特点也决定了商业银行将会逐步退出，这是市场机制作用下的必然结果。从微观角度来看没有争议，是商业银行追逐利润最大化、降低经营成本的必然选择，且在西部地区，大银行业务开展得越多，资金向东部地区流出就越多，成为东部地区吸收西部地区资金的渠道。从这个角度分析，国有商业银行在西部农村地区的逐步撤出，在一定程度上可以缓解资金流出的压力。

然而，由此产生的农村金融供给的缺失，给农村资金需求尤其是西部地区带来诸多不便。东部沿海地区的浙江、江苏一带，农村非正规金融发展规模较大，在很大程度上可以缓解商业银行在农村金融市场的退出，但这对西部地区而言，是新的问题。没有竞争的市场是不完整的市场，在西部地区农村金融需求旺盛的情况下，地方政府应该起到应有的作用，在国有商业银行逐步退出的前提下，扶持地方性商业银行，通过政策优惠支持其在农村市场开展业务，在发展初期给予较多的支持，待其发展到一定程度后慢慢减少政策的干预。这样，地方性金融机构相对独立，具有更多的自主性，可以根据本地经济发展状况制订适当的农村金融发展战略，专门服务于当地农村经济的发展。同时，地方政府应该从激励和约束机制上重新做文章，调动商行服务农村的积极性，在改善银行经营的同时促进农村经济的发展，实现服务地方和壮大自身的双重目标。例如，建立一套适合的评估考核机制，内容不但包括资金运用方面的信用评估，还要涉及对信贷人员绩效的考核，建立起合理的信贷风险认定和贷款责任制度，拉近金融机构与资金需求者农户之间的信任关系，充分调动信贷人员进行资金管理、发放和回收的积极性。另外，可以在经营初期适当放宽商业银行在农村分支机构的资产负债比例，扩大贷款自主权，增强其在农村地区的信贷供给能力。

3. 西部地区多层次农村金融市场体系的建设

一个完整且相对发达的金融市场，不仅包括货币市场的建设，还要包括资本市场的建设。对西部农村而言，探讨资本市场的发展问题为时过早，但除了银行等存款性金融机构以外，还有包括保险公司、投资银行等在内的非存款性金融机构。2007 年的中央“一号文件”中曾经指出：“积极发展农业保险，按照政府引导、政策支持、市场运作、农民自愿的原则，建立完善农业保险体系”。我们在研究中曾经指出，西部地区农业风险相对于东部发达地区，更能困扰其农户生活和农业生产，因此，在西部地区建设多层次的农村金融市场体系，必须充分利用农村保险业发展的良好机遇，开拓具有西部特色的农业保险市场。

关于农业保险的性质，国内外学者有很多争执。有人认为农业保险应该属于公共品的范围，由政府完全“埋单”；有人认为即使承认农险是公共品，但购买足量的保险也不能使经济发展、社会稳定繁荣。在西部这种相对落后的区域开展农业保险，在实践上是以政策性为出发点，在缺乏商业竞争的前提下不断追加政府投入，还是以商业保险为主，承认其趋利避险的性质，是政府首先面临的导向性问题。西部地区整个经济的腾飞，依赖于农村经济的崛起，同时也意味着农业产业结构的巨大变化，这个过程对农村保险而言，是高收益与高风险并存的阶段。作为专业的金融机构，农业保险首先应该立足其风险管理组织的商业性职能，提高主动管理风险的能力，而不能像以前一样单纯靠政府来规避风险。这是农业保险发展的根本出路。从业务开展来看，发展中国家农业保险面临的问题是严格的准入机制，较高的固定成本以及信息不对称带来的风险，实际上对西部地区农业保险而言，从原有的农村金融机构出发寻找适当的保险切入点，因为就农业生产所面临的风险认知程度，保险机构或许远远不如存在已久的农村金融机构。而农村信用社作为农村金融机构的主体，尽管存在一些问题，但在推行小额信贷、改革信贷结构等方面积累了相关经验和大量信息，这恰恰是农业保险发展必须的。因此，在发展的初级起步阶段，可以在短期内由农村信用社暂时代办农业保险，避免信息收集成本和费用支出的浪费。同时，如果农村信用社决定对某个农户发放贷款，那么事前对农户进行了较为详细的经营风险精算或信贷评级，并可以降低农户的金融成本支出——如果贷款利率上浮，可以适当减免或降低保险费用，两次信息处理的成本将被进行合并。从农业保险保障的对象来看，西部欠发达地区农民收入除了来自农业外，还有劳动力输出，因此与发达国家农业保险主要面对农民收入不同，首先要考虑农产品保险，以便更好地维持传统农业在经济发展中的作用；同时，强调商业保险的定位，坚持保险在农业产业化、农村城市化和农户非农化进程中的作用，使农业保险演变为更为广义的农村经济主体保险，真正满足农村经济发展中不断形成的现实保险需求。①

另外，西部地区农村金融市场不能正常、高效运行并实现市场化的重要原因在于缺乏良好的外部环境。真正解决农村金融的实质问题，除了金融体系本身的改革，政府还要考虑到金融体系外部机制问题的解决，如农村公共财政体系、农村金融机构信贷风险分散机制、农村金融市场自由化、资金回流机制、农村金融监管体系、农业产业化经营、农产品补贴政策等。尤其是在西部贫困地区，由于跟东部相比交易成本过高，在解决农村金融问题时，功夫还要下在“金融之外”，从涉农基本制度出发，并具体体现出东西部差异，不能一概而论。

① 陆磊，王颖．农业保险的性质与金融制度创新．武汉金融，2008（3）.

第六章　西部农村金融深化过程中政府行为的间接方式
——农村基本制度重构

一、农村土地流转体系的完善

土地是农村最基本、也是最重要的生产资料。关于农村土地，我国长期实行家庭联产承包责任制，在改革开放初期对于解放生产力、促进农村经济活跃起到了重要作用。而随着现代化农业发展的需要，传统制度的落后与不足开始彰显。制度经济学认为，制度要素是经济增长的内生变量，因此，要解决我国西部地区农村经济落后的问题，不可避免要涉及农村土地与时俱进的制度变迁问题。从农村最基本的土地制度入手，更多地依靠市场机制手段配置稀缺的土地资源，可能会更快地达到帕累托最优状态。

（一）农村土地流转市场的完善

关于农村土地流转，《物权法》第十一章第一百二十八条规定："土地承包经营权人依照农村土地承包法的规定，有权将土地承包经营权采取转包、互换、转让等方式流转。流转的期限不得超过承包期的剩余期限。未经依法批准，不得将承包地用于非农建设。"因此，我国农村土地流转是已经得到土地承包权的农户将土地使用权转移给其他单位或个人，并且不能改变农地用途。对于西部地区农村而言，随着经济、社会的发展进步，农村经济发展进入了新的发展阶段，农业产业结构和就业结构发生了一定的变化，农村土地的经营方式也有了新的调整。在农民拥有稳定土地使用权的基础上，农村土地流转现象出现，成为土地经营中新的特征。农民可以通过土地流转，提高土地的利用效率，加快农业规模化和产业化经营，并增加收入，在农村经济发展中可以起到重要作用，并能在一定程度上带动农村金融的进步。

从根本上来看，农村土地的流转是以农村劳动力的转移为前提的。笔者在甘肃省武威市周边农村进行社会调查时发现，某村 70%

的青壮年劳动力已经远离土地，外出打工，某些家庭因此出现了土地撂荒的局面。因此土地流转成为农户进行农业经营与非农生产博弈的结果，是农户追求利润最大化的表现。但是，西部地区农村土地流转与东部发达地区相比，规模较小。根据中国统计局农调队和北京大学进行的相关调研资料，2001 年四川省农地流转总面积 33.59 公顷，占全省土地总面积的 9.5%，青海农村土地流转仅占全省耕地面积的 4%，而浙江省土地流转面积占总土地面积的 13.1%，比四川省高出 3.6 个百分点，土地流转涉及的农户占农户总数的 20.8%。造成这种局面的主要因素在于，西部地区相对思想落后，将土地视为最重要的生产资料，即使劳动力外出打工，也是离乡不离土，土地的商品意识薄弱；农业产业化水平较低，难以形成规模经营，农地效益差；农村土地流转中介、服务、监管体系还没有建立起来，农村土地使用权流转仍以农民自发为主，大多数地方还处在自然流转状态。基层政府对土地流转认识不足，认为土地承包经营权流转属承包者个人的事情，对流转不加过问，不加引导和规范，造成土地流转行为无人监督，成为影响当地农村稳定的因素。

因此，西部地区地方政府应该有意识地进行农村土地流转市场建设的引导。首先，地方基层政府应该将农村土地流转工作作为其重要的工作职能，加强对农地流转的宣传力度，让更多的人知道农村土地流转的必要性、重要性，以及流转带来的利益。通过新的土地改革重新调动农户生产经营的积极性，推动西部地区传统农业向现代农业转变。其次，政府应该为农村土地流转创造良好的外部条件，加强管理，以便使农地流转规范化。农村土地能进行流转的前提和根本条件是农村第二和第三产业发展，能解决农民的就业问题，增加农民收入，可以适时将农户从土地中解放出来。这就要求政府推动乡镇企业和服务业的发展，加强对农村剩余劳动力的培训，为农户土地流转后创造更多的就业机会；引导农村专业化合作组织建设，为农业产业化经营的进一步推广奠定基础。同时政府有必要促进农村社会保障体系的进一步完善，使农民可以放心地离开土地而没有后顾之忧。再次，鉴于西部地区市场化程度相对较低，在发展初期不具备建立土地信托服务公司或土地资产经营公司等，应由政府牵头组织农地流转市场，做好中介工作。土地流转的最终阶段是靠市场化来形成的，在发展初期由政府出面构建中介服务机构，是市场化过程中的必经阶段。但政府行为依旧是在市场框架内的，应该遵循等价交换原则，对农村流转土地进行评估以及最终定价，位置较好或质量更高的土地，可以通过拍卖、招标等方式确定流转价格，为公平交易提供更多依据；建立土地流转相关的信息、服务系统，通过对农村流转土地进行调查研究，确定市场供给、需求状况等，为土地流转搭建良好的平台。最后，为了保障农村土地流转中流转双方的利益，政府需要出台相关的法律法规，将部分条款以法律的形式规定出来，加强对流转合同的事先和事后监督检查，以便在日后出现纠纷的过程中得以更好地解决。需要注意的是，在政府进行行政干预的过程中，一定要充分尊重农民的意愿，在改变放任自由、无序状态的同时，避免出现强行推进、损害农民利益的情况。

同时，还有学者讨论农村宅基地和住宅的流转问题。厉以宁在2008年9月举行的“统筹城乡发展，促进形成城乡经济社会一体化发展新格局”专题协商会上指出：“当前发展农村经济的瓶颈是农村金融服务严重滞后，制约农村金融发展的是现行农村宅基地产权制度。农民的宅基地和住宅不能流转、不能抵押，不利于农民致富和农村经济发展，不利于农村剩余劳动力的转移，严重阻碍了城镇化进程。”他认为，应鼓励各地探索宅基地流转和抵押办法，实现农民对宅基地的应有权益。实际上，这是农村土地流转的高级阶段，是农村生产力发展到一定阶段的产物，对于西部地区农村来说，如果在目前这种情况下将农村宅基地和农用地按照同样的流转方式对待，未必行得通。因此，农村土地流转市场的建立和完善也是一个长期的过程，西部地区农村不能照搬其他地区的形式，政府在这个问题上需要量力而行，应该完全按照农户的需求和市场发展的要求适时开展，而不是追求形象工程。

（二）农地金融制度的发展

面对农村土地制度运行中的这样一个难题：一方面要强化土地承包经营制，以保证农户在农村的长期投资；另一方面又要加强农村土地使用权的流转，农村土地金融制度不失为一条有效的路径。所谓农地金融制度，是指以农村土地为抵押品获得资金融通的活动，是土地金融和土地流转市场的重要组成部分。实施农地金融制度，可以改变农村金融发展过程中长期缺乏有效抵押品的现状，解决长期困扰我国农业发展的资金投入不足问题，对我国农业发展具有重要的现实意义。

农地金融制度在一定意义上具有区域经济调控的功能，可以通过农地金融贷款主体资格、贷款评估方式、抵押担保方式、贷款利率、执行标准、项目评估、风险控制等方面的影响，来调节农用地建设项目等方面，以达到政府行为作用于区域经济甚至区域金融的目的。对于我国东西部地区农村金融目前发展的区域差异来说，农地金融制度在实施中必须体现区域化和因地制宜。对于金融市场发展相对完善的东部沿海地区，可以将农村土地抵押市场让位于私人资本和其他社会资本，国家制订详细的调控政策，具体运作完全依靠市场机制。另外，促进农村土地流转或发行农村土地债券，为发展非农产业提供更多的资金。而在西部欠发达地区，农地抵押业务中风险相对小、盈利大的市场业务是市场主流，应该由国家资本出面进行运作，以保证农户获得基本的农业生产所需资金；而那些风险较大的市场业务，可以适度让私人资本或其他社会资本介入，保证多元化资金来源。在这一过程中，必须依托政府力量，为农地金融制度创新提供良好的环境，坚持国家土地政策，将信用扩张机制与风险控制机制结合在一起，以保证农地金融制度创新的顺利实施。

二、农村社会保障体系的进一步完善

社会相关福利特别是社会保障制度的缺失，是导致西部地区“三农”问题尤其突出的重要原因。社会保障体系的完善与农村经济的发展是相互作用的，农村经济发展到一定程度，要求有适当的社保体系与之相适应；而社会保障体系的完善，又是建立在当地社会经济发展水平的基础之上。对于西部地区来说，农村社会保障体系的完善，是解决诸多社会问题的先决条件，是破解“三农”问题的重要突破口之一。①

（一）强制性制度供给的完善

目前，我国西部地区农村社会保障依然存在一些问题，如保障体系不健全、保障资金不足、保障能力有限、保障覆盖面窄等，与东部发达地区的农村相比存在差距。因此，西部农村地区社会保障体系建设是一项复杂的工程，涉及方方面面，不可能在短时间内完成构建，需要立足其实际情况，完善制度供给，为社会保障现状的改善提供依据。这个过程需要中央与地方财政强力支持，由国家强制推行，建立农民最低生活保障制度、农村居民失业保险制度、农村社会养老保险制度、农村医疗与公共卫生制度、农村住房保障制度等。在农村，很多问题都与这些保障制度相关，如果这些问题都可以一一解决，不但会免除农民很多后顾之忧，而对于增强西部地区区域性开发扶贫效果也可以起到重要作用。

以养老保险制度为例，传统农村养老是依托家庭的养老体制，在西部地区人口老龄化增长速度快、经济整体欠发达的情况下，农民养

---

① 聂华林，杨建国．中国西部农村社会保障概论．北京：中国社会科学出版社，2006.

老负担比较重。从文化背景和发展趋势看，土地不可能长期承担养老功能，目前发挥重要作用的仍然是传统的家庭养老模式，但可以分阶段、有试点地探讨农民强制养老保险制度，最终放弃土地的养老保障功能。根据农民收入分出一定阶层，在农村经济相对发达的地区，尝试建立“统账结合”的养老制度和体系，在西部地区，这类区域相对较少；而农村经济和农民收入较低的地区，可以以多种形式强制建立养老储蓄，以粮食换保障、以劳动换保障等，建立多层次的保障体系，同时注意各个层次上制度安排的协调与衔接。

（二）从可持续发展角度的推进

从可持续角度看，发展西部地区经济是社会保障体系建立并完善的经济基础。因为社会保障与经济发展之间是相互影响并相互作用的，适度的社会保障有利于促进农村经济快速、健康、持续发展，而发展农村经济、增加农民收入是社会保障事业开展的基础。《中共中央国务院关于推进社会主义新农村建设的若干意见》中曾经指出：要着力培养一批竞争力、带动力强的龙头企业和企业集群示范基地，推广龙头企业、合作组织与农户有机结合的组织形式，让农民从产业化经营中得到更多的实惠。也就是说，农业产业化经营是一个国家或地区农业成功的关键，而目前也是我国农业政策的重点。西部地区自然条件脆弱，农业生产条件差，一般是农户分散经营，规模不经济，农产品质量和结构难以适应市场要求，产业化水平一直处于较低的层次，对改善区域发展不平衡的状况不利。因此，对西部农村地区而言，可以根据自然地理、社会经济技术条件，发挥比较优势，以市场需求为导向，以结构调整为主导，不管是发展粮食种植业，还是发展特色农业，应该走区域化、规模化、专业化的产业经营道路。西部农村贫困地区较多，以甘肃陇南地区为例，农民生活贫困但资源丰富，可以根据市场需求和当地资源优势，确立其主导产业或重点发展的农副产品，实施区域性的专业化经营，在较大范围内开展菌类、药材的采集和种植、精品茶叶等特色产业的生产加工，逐步形成有特色的产业发展基地。

人力资本在经济发展中的作用越来越重要，对经济发展的贡献率在逐步提高，因此，西部农村地区农村社会保障体系可持续推进的另一个重要步骤是强化农村基础教育，提高农民的基本素质。考虑到西部地区的实际情况，发展基础教育和职业教育，开展相关培训，才是培育新型农民的关键。从基础教育来看，必须从中央政府到地方政府合力增加对农村基础教育的财政投入，用于改善校舍，充实师资力量等。从职业教育来看，根据每个区域贫困地区农业和农村经济发展的需要，合理确定农村职业教育的办学方向、目标和相关课程设置。在发展初期有必要借助专业农业类大学或农业科学研究院的科研能力，为农村职业教育培养有实力的师资力量，提高办学水平，真正做到通过农村职业教育普及科学技术、培养新型农民。

（三）多元化筹措资金途径的完善

在社会保障体系完善过程中，资金筹措问题是重要环节。在资金筹备的过程中，一般都是以货币形式为主，但是西部地区农村经济发展的现实情况要求资金筹备的形式需要多样化，如“以工代赈”“以粮食和劳动力换保障”等方式都具有一定的优势。既可以带来社会保障所需资金，又能促进农村地区基础设施的建设。但是，依靠中央财政支援、地方各级财政补充、农民出力，不能从根本上解决资金筹措资金的完善问题。从国际先进经验来看，适当征收社会保障税是一种新的方式和措施，但是这对西部地区农民来说会不会成为一种负担，选择什么样的时机征收，是政府部门和研究机构需要注意的。实际上，社会保障税与以前的农业税有根本区别，具有明显的返还性质，也能实现城市反哺农村，反而有利于建立城乡一体化的社会保障体制。但在税率设置上，对东、西部农村地区要体现因地制宜与差别化政策，东部地区发达农村可以设置类似城镇居民的项目型社会保障税，而西部地区农村居民要以混合型社会保障税为主。发行社会保障债券，置换部分国有资产的产权，也可以作为社会保障资金筹措的补充途径，同时能实现国有经济产业结构调整。

筹集到资金、建立农村社会保障体系以后，资金的管理以及西部农村地区基层社会保障管理机构的建立、健全是新的问题，社保体系宏观功能的体现需要基层管理部门发挥作用。中央政府层面除了成立专门的“农村社会保障管理”部门之外，还要成立相关的协调机关，协调东、中、西部农村地区之间的关系，同时协调区域内部农村内部社会保障制度与体系之间的一致性。防止农村社会保障资金的截留和挪用，社会保障资金直接上缴基层的储存代理机构——农村信用社或者农业发展银行。同时，基层政府也要成立相关农村社会保障机构，负责资金的征收、管理，并结合当地相关实际，指导社会保障服务的实施。

三、农村公共财政机制的平衡

在进行宏观调控的过程中，财政政策与货币政策是不可分割的。在统筹协调区域发展、促进城乡一体化、缩小农村区域差距的过程中，政府如何运用农村公共财政机制进行调节，是目前和今后一个时期内区域经济理论和政策实践领域研究的重点。

（一）政府财政支农系统的区域均衡机制

从政府与财政之间的关系分析，政府在平衡农村经济发展的区域差距上的工具主要是政府公共支出手段，即政府间财政转移支付以及中央政府对农村的直接投资，两者构成政府财政支农系统中区域均衡机制的核心部分。

我国目前的转移支付系统以纵向转移为主，主要通过税收返还、专项拨款等方式实现自上而下的财政支农，但是在一定程度上并没有起到应有的区域平衡作用。在分税制下，财政转移支付制度本身对地方政府利益保护色彩浓重。尽管专项拨款的比重日益提高，但是透明度不够高，随意性大，没有明确专门针对西部欠发达地区的资金，由于西部地区政府在相关讨价还价的博弈中没有优势，因此均等化效果并不明显。反而国家制定的积极财政政策和 2000 年开始实施的“西部大开发”战略，更有利于改善西部地区政府收入状况。也就是说，大规模的财政资金投入，对于西部农村地区发展的作用更显著。实际上，中央政府在实行转移支付时，目标定位要改变以前传统的平等思想，而投向新的区域平衡机制，调整为对政府的区域均等化，更好地发挥财政转移支付的区域均衡潜质。除了纵向转移外，我国地方政府之间还存在横向转移支付，并以对口支援西藏地区经济发展最具有典型性，成就相当突出。从下一步的可行性来看，政府可以借鉴德国在横向转移支付方面的成功经验，将受援地区和援助地区的条件具体化、明晰化，并制订阶段性的详细目标，部分资金明确用于推动农村经济进步；同时政府尽量加强对受援地区资金使用的统筹安排，提高援助资金使用效率，并保证专款专用。

为解决地方政府的项目融资问题，中央政府会给予直接投资，并且具有更明显的区域指向，这成为政府调控区域差距的重要手段。在这一过程中，应该明确提高中央政府用于西部地区农村社会公共事业投资的比例。例如，单独针对西部地区农村义务教育确定中央政府的投资规模，建立起规范的中央对农村教育方面的财政拨款制度，以支持落后地区基础教育发展，提高人力资本在经济发展中的促进作用，避免地区之间教育投入差距过分悬殊的局面，尤其是尽量缩小城乡之间农村发展的教育投入。同时，政府的直接投资在一定程度上会导致中央企业与地方企业之间的脱节，形成不利于地方经济发展的新型二元经济结构，因此，面对农村经济发展需要的巨大资金需求，提高间接投资比重，可以更好地提高开发西部农村的效率。为了吸引更多投资，落后地区会提出更多的优惠政策，发达地区很多企业抓住这一机会，将一些高污染、高消耗的企业逐步转移到西部地区甚至是广袤的西部农村地区。因此这一过程中，不能忽视生态环境保护问题，考虑到其外部性，有必要建立长期、稳定的农村生态环境保护补偿机制，促进农村经济的可持续发展以及生态环境建设投融资渠道的稳定化和多元化。①

（二）财政扶贫模式的优化

我国自1986年开始实施带有区域化指向的开发式扶贫模式，主要是以广义或狭义的地区为主要扶贫对象，通过给予政策和专门的扶贫款项的资金支持，推动社区发展经济，促进贫困地区人口逐渐脱贫。尽管国内外理论界和诸多国际组织对这种带有区域指向的扶贫模式产生很大争议，例如，以空间分布作为制定扶贫战略的标准，很大程度上会出现区域遗漏，有些贫困地区不能享受财政扶贫基金；而容易得到资金并能影响决策过程的非贫困区域人群却能成为财政扶贫的受益者。但在特定的贫困特征和政策背景下，财政扶贫的区域均衡机制作用是举足轻重的，对于改变贫困地区现状，缩小地区之间差异产生了直接影响。在新的历史时期下，面对东部地区越来越快的农村经济发展速度，西部地区如何更好地利用财政扶贫方式，是西部农村缩小差距的重要机会。而西部地区贫困农村大多处于少数民族聚居区域，或是生态脆弱区域，贫困人口相对集中，其贫困的特征决定了财政扶贫战略在一定程度上的调整。

从宏观层次来看，鉴于我国贫困程度在农村的不同地区也存在显著差异，近年来财政扶贫的规模增长非常迅猛，且有意识地向西部农村地区倾斜，其区域均衡影响是正效应。开发式的扶贫基金使用方式，能避免以往救济式扶贫中，资金对个人的转移性支出，只能改变收入分配，而对生产和就业影响较小。如果能进一步将对西部地区的财政扶贫纳入国家综合发展规划中，与国家大范围的区域开发政策结合在一起，如抓住西部大开发战略的有利时机，利用西部地区农村社

① 张启春．中国区域差距与政府调控．北京：商务印书馆，2005.

会保障体系的完善过程，充分考虑经济政策对经济增长和扶贫的影响，优化财政扶贫，使其更加规范，将有利于刺激西部农村地区经济的增长和反贫困工作的推进。从微观层次来看，财政扶贫模式在新阶段要有一定的创新和调整。最近几年，我国将官方扶贫与国际组织扶贫结合在一起，并接受国外先进扶贫经验，将参与式扶贫开发方式运用其中，特别是在中国的西南和西北地区，通过扶贫项目的开展，积累了很多关于参与式开发扶贫方式的经验。笔者曾经参与过国务院扶贫办“整村推进——参与式扶贫项目”中期评估，并深入甘肃定西、天水进行调研，发现参与式扶贫确实能更好地将农民的积极性调动，能通过开展项目使扶贫效果可持续，取得了资金使用效率的最大化，是自下而上扶贫的典范。但同时，扶贫过程中“能人”效应明显，有能力的人能更好地发挥积极性，获得资金或项目支持；而还有一批贫困居民因为缺少能力而丧失了机会，这部分居民的脱贫工作不是参与式扶贫能够解决的，需要探求新的路径与模式，真正实现脱贫。同时，扶贫过程中缺乏对农村生态环境保护的认识，成为西部地区农村可持续发展中新的问题。在财政扶贫模式优化的过程中，西部农村地区生态脆弱的现实成为新的问题，这一情况必须得到充分重视，相关的生态补偿基金建设步伐要加快，令其成为扶贫的一部分，不能因为经济环境的改善放弃生态环境。

（三）农业补贴政策的倾斜

我国实施农业补贴政策始于20世纪50年代末，从最早的“机耕定额亏损补贴”形式，逐渐扩展到农用生产资料的价格补贴、农业生产用电补贴、贷款贴息补贴等方面。到80年代中后期以农产品的收购政策为主，90年代以农产品价格保护政策为主，现在主要转向生产领域直接惠及农民。可见，长期以来农业补贴始终是我国财政支农政策的重要内容。目前按照WTO《农业协议》，我国农业补贴可以分为“绿箱”补贴和“黄箱”补贴。前者主要是一般政府服务，粮食安全公共储备，国内粮食援助，自然灾害救济支付，环境计划下的支付以及地区援助计划下的支付；后者主要包括粮食直补与最低保护价收购。① 事实上，从政策开始实施，对其效果的关注就比较多；在执行方面，更侧重阶段性，区域指向并不明显。

实际上，从目前来看，农业补贴的资金主要来源于省、市的粮食风险基金，而主要用于向粮食主产区的农民给予补贴，西部农村地区因为自然条件的限制，处于主产区的省区市较少，得到的补贴有限。事实上，从发展的角度看，鉴于农产品价格补贴的目的是提高农民的收入，保障农民利益，维护粮食安全。因此不仅要对粮食主产区进行补贴，也要对非粮食主产区尤其是西部落后地区的农民以不同的形式给予直接补贴。在我国，地方政府是直接补贴的主要来源，粮食主产区产粮越多，地方政府需要配套的资金越多，成本分摊机制并不合理。而美国、欧盟和日本等国家和地区的农业补贴均来自中央政府预算，其农民的生活环境明显优于我国农民。考虑到我国各地区粮食供求和经济发展的不平衡性，中央财政应加大对粮食主产区直补资金的转移支付力度，并按照“谁受益，谁付费”原则，实现省与省之间粮食直补资金的横向转移支付，保证直补资金的来源。而农业补贴向西部落后地区的转移，在很大程度上需要依靠农村政策性银行——农业发展银行进行发展战略的调整，加强与财政支农政策的结合，通过财政分配的计划性、方向性与农业政策性银行信贷有偿性、归还性这两种职能结合在一起，在确保国家政策性粮食收购和供给，保护农产品的价格合理水平任务完成的情况下，配合国家农业补贴政策目标和支持重点的调整，配合财政对农业生产能力支持的政策，重点承担起农村基础性中长期融资的职能。农发行应该投入更多资源，尽快就如何发挥农发行在农村基础性中长期融资职能进行调查论证，增强对西部农村的直接补贴，提供与财政支农资金配合的可能方案。

---

① 郑志冰．进一步完善我国农业补贴政策的思考．中央财经大学学报，2007（12）．

第七章 结论及展望

一、本书的主要结论

本书运用金融深化的理论，系统地研究了我国西部地区农村金融深化问题，并主要就政府在其中的行为作用进行了探讨。目的是探讨落后地区农村金融深化对经济发展的意义，政府如何作为，希望可以为农村区域金融的均衡发展以及中国农村金融多年的改革提供理论方面的依据，为西部地区建设社会主义新农村提供一定的参考。本书从梳理金融深化中政府行为相关研究理论入手，以此为理论基础对西部地区农村金融深化程度进行实证分析，并与全国及东部、中部地区进行比较。进一步对农村金融深化中政府行为进行归纳研究，探讨了政府与市场的边界，在借鉴国外落后地区开发和农村金融体系先进经验的基础上，指出了西部地区农村金融深化中政府行为的直接方式与间接方式，形成了一套完整的理论体系。通过研究，得到以下结论：

第一，西部地区农村金融深化在总量、结构、效率三个方面与东、中部地区存在一定的差距。根据内生成长理论的观点，不同的经济状态给金融成长提供的成长条件和区间是截然不同的。农村金融发展水平的区域差异从根本上看，是由经济发展水平的区域差异造成的。

第二，通过测算东、中、西三大区域九个省（市、区）农村金融成熟度并进行排序，我们发现农村金融成熟度也存在一定的区域差距，但是发达地区民间金融对农村金融的影响不可小视，并成为促进农村经济发展的重要力量。农村金融深化乃至农村经济的发展离不开民间金融，因此，政府对民间金融的引导是重中之重。

第三，公平与效率原则的辩证统一是西部地区农村金融深化中政府行为的依据。鉴于市场和政府都存在一定程度的失灵，在农村金融深化中政府应该在西部地区经济、社会条件的约束下选择合理的定位，最大限度地发挥政府效用，实现公平与效率的统一。

第四，通过对几个国家落后地区开发模式、各国农村金融发展体制的比较，我们得到一些经验，可以对西部地区农村金融深化提供相关启示。如需要强有力的政府干预、有必要成立统一的针对落后地区的农村金融开发机构、重视法律支持、构建区域金融中心等，促进农村金融和农村经济的可持续发展。

第五，中国不是一个最优货币区域，因此西部农村金融深化过程中政府行为的直接方式与手段是金融制度安排的区域倾斜。实行全国统一与区域差异的政策有机结合，从宏观与微观两个方面构建区域差别化的货币金融政策，有利于改善西部地区农村金融深化的金融生态环境，缩小与东部发达地区之间的差距。

第六，真正解决农村金融的实质问题，除了金融体系本身的改革外，政府还要考虑到金融体系外部机制问题的解决，如农村公共财政体系、农村金融机构信贷风险分散机制、农村金融市场自由化、资金回流机制、农村金融监管体系、农业产业化经营、农产品补贴政策等。在西部贫困地区解决农村金融问题时，功夫还要下在“金融之外”，从涉农基本制度出发，并具体体现出东西部差异，不能一概而论。

二、研究中的创新与不足

本书在写作的过程中，借鉴了前人诸多研究成果，不敢妄谈创新。在对农村金融深化程度进行实证分析的过程中，根据前人的研究成果，提出相关指标，并在总量、结构和效率上对西部地区农村金融深化程度进行测算。同时，根据前人在“软件能力成熟度”方面的研究成果，借鉴国内学者在管理科学领域的应用，引入区域金融深化过程中，尝试性地提出“金融成熟度”的概念及测算方法，形成一个评估金融发展能力、金融深化程度的理论模型框架，并选用农村信用社的相关数据，对东、中、西部九个省（市、区）对农村金融成熟度进行测算并排序，希望可以进一步丰富区域经济和农村金融方面的相关研究，启发一种新的关于农村区域金融发展以及金融发展程度的研究思路。

但是由于能力和资料所限，这些努力都是一种不断尝试的过程，还存在很多欠缺与不足之处。例如，在金融成熟度的研究与测算中，为了研究的便利，对指标体系的选择不够成熟，对测算方法的考虑不够完善。研究对象的选择是随机的，尽管有东、中、西的区域划分，但由于篇幅所限，省区市的选择不够全面。同时，从数据看，本书在对西部地区农村金融深化程度进行实证分析和农村金融成熟度测算的过程中，选择农村信用社、农业银行和农业发展银行的数据，因为不涉及民间金融发展部分的研究，样本数据有限，可能与真实情况之间存在差距。在实证分析中偏重比较静态分析，对动态情况考察不够完善。从理论看，本书涉及的大量理论分析框架都是宏观的，基于农户行为的微观理论分析较少。另外，虽然提出了相关的促进西部地区农村金融深化的政策，但都是导向性的改革思路，对具体的改革方案还需要进一步的研究与探索。

三、进一步研究的展望

在此研究基础上，今后还需要在以下几个方面做出进一步的研究：进一步完善农村金融成熟度测算的理论框架，改进指标体系和测算方法，可以尝试对全国 31 个省（市、区）的农村金融成熟度进行测算，对农村金融深化和成熟度形成整体认识。尝试开展农村金融深化程度的动态测算，运用数量经济学的相关模型，如时间序列模型等作出趋势预测与分析。深入西部农村地区调研，对广大农户进行访谈，得到关于农村金融需求与供给的一手材料。对农村民间金融进行研究，对目前西部地区农村民间金融发展的程度进行全新认识，对引导农村民间金融发展提供理论和现实依据，为农村金融的进一步改革提供相关支持。同时，结合国家深化农村改革的政策措施，对基本涉农制度的改善给予深入研究，如农村基本公共服务、农村土地流转等，都是新的研究课题方向。

参考文献

［1］爱德华·肖．经济发展中的金融深化［M］．北京：中国社会科学出版社，1987.

［2］张启春．中国区域差距与政府调控［M］．北京：商务印书馆，2005.

［3］饶余庆．现代货币银行学［M］．北京：中国社会科学出版社，1983.

［4］林志远．社会主义货币经济学［M］．上海：上海三联书店、上海人民出版社，1995.

［5］王建国．金融自由化与金融深化［J］．金融研究．1998(9)：33－36.

［6］李炳炎．金融深化改革与金融风险防范对策［M］．北京：中国经济出版社，2000.

［7］彭兴韵．金融发展的路径依赖与金融自由化［M］．上海：三联书店．2002.

［8］陈雨露，汪昌云．金融学文献通论［M］．北京：中国人民大学出版社，2006.

［9］董杰．金融发展与农村经济增长研究［D］．西南财经大学 2004 届博士毕业论文．

［10］刘毅．中国金融深化中的政府作用与政策选择［D］．天津财经学院 2002 年硕士毕业论文．

[11] 陕西省人民银行课题组．对西部欠发达地区金融发展若干问题的思考 [J]. 陕西金融．1995（12）.

[12] 姚耀军．转型中的我国农村金融发展研究 [D]. 浙江大学2005届博士毕业论文．

[13] 徐笑波、邓英淘．中国农村金融的变革和发展：1978～1990 [M]. 香港：牛津大学出版社，1994.

[14] 陈雨露，汪昌云．金融学文献通论 [M]. 北京：中国人民大学出版社，2006.

[15] 约翰·G. 格利，爱德华·S. 肖．金融理论中的货币 [M]. 上海：三联书店，2006.

[16] 戈德史密斯．金融结构与金融发展 [M]．上海：三联书店，1994.

[17] 胡庆康．现代货币银行学教程 [M]. 上海：复旦大学出版社，2001.

[18] 罗纳德·麦金农．经济发展中的货币和资本 [M]. 上海：三联书店，1988．

[19] 胡亮．金融深化与区域发展 [M]. 北京：经济科学出版社，2006.

[20] 张晓山，何安耐．农村金融转型与创新——关于合作基金会的思考 [M]. 太原：经济出版社，2002.

[21] 斯蒂格利茨．政府在市场经济中的角色 [M]. 北京：中国物资出版社，1998.

[22] 曾方．技术创新中的政府行为——理论框架与实证分析 [D]. 复旦大学2003届博士毕业论文．

[23] 张可云．区域经济政策 [M]. 北京：商务印书馆，2005.

[24] 陈家海．中国区域经济政策的转变 [M]. 上海：上海财经大学出版社，2003.

[25] 宋宏谋．中国农村金融发展问题研究 [D]. 中国社会科学

院2002届博士毕业论文.

[26] 姚耀军. 转型中的我国农村金融发展研究 [D]. 浙江大学2005届博士毕业论文.

[27] 熊启泉. 中国农村国内生产总值的估计：理论、方法及实证测算 [J]. 统计研究，1999 (1).

[28] 许宪春. 中国国内生产总值核算中存在的若干问题研究 [J]. 经济研究，2000 (2).

[29] 朱琴华. 农村 GDP 核算问题探讨 [J]. 统计研究，2001 (1).

[30] 丁文丽. 转轨时期中国货币政策效力的区域差异研究 [M]. 北京：中国社会科学出版社，2005.

[31] 郑长德. 中国区域金融问题研究 [M]. 北京：中国财政经济出版社，2007.

[32] 赵崇生，高新才. 金融效率理论框架：一个文献综述 [J]. 兰州商学院学报，2004 (6).

[33] 张维迎. 博弈论与信息经济学 [M]. 上海：上海三联书店，上海人民出版社，2004.

[34] 周立. 农村金融市场四大问题及其演化逻辑 [J]. 财贸经济，2007 (2).

[35] 祁敬宇. 运用财政政策和金融政策协调公平与效率的思考 [J]. 金融与经济，2007 (5).

[36] 斯蒂格利茨. 公共部门经济学 [M]. 北京：中国人民大学出版社，2005.

[37] 段家喜. 养老保险制度中的政府行为 [M]. 北京：社会科学文献出版社，2007.

[38] 焦瑾璞. 农村金融体制和政府扶持政策国际比较 [M]. 北京：中国财政经济出版社，2007.

[39] 中国人民银行研究局. 中国人民银行金融研究重点课题获

奖报告［M］. 北京：中国金融出版社，2004.

［40］姜波克. 国际金融新编［M］. 上海：复旦大学出版社，2001.

［41］范祚军. 区域金融调控论［M］. 北京：人民出版社，2007.

［42］陆磊，王颖. 农业保险的性质与金融制度创新［J］. 武汉金融，2008（3）.

［43］聂华林，杨建国. 中国西部农村社会保障概论［M］. 北京：中国社会科学出版社，2006.

［44］郑志冰. 进一步完善我国农业补贴政策的思考［J］. 中央财经大学学报，2007（12）.

［45］胡必亮，刘强，李晖. 农村金融与村庄发展［M］. 北京：商务印书馆，2006.

［46］闫永夫. 中国农村金融业［M］. 北京：中国金融出版社，2004.

［47］殷剑峰. 金融结构与经济增长［M］. 北京：人民出版社，2006.

［48］盛洪. 现代制度经济学［M］. 北京：北京大学出版社，2003.

［49］陈先勇. 中国区域金融发展与区域经济增长［M］. 武汉：武汉大学出版社，2005.

［50］王群琳. 中国农村金融制度——缺陷与创新［M］. 北京：经济管理出版社，2006.

［51］克鲁格曼. 发展，地理学与经济理论［M］. 北京：北京大学出版社，中国人民大学出版社，2000.

［52］克鲁格曼. 地理与贸易［M］. 北京：北京大学出版社，2000.

［53］柯武刚，史漫飞. 制度经济学：社会秩序与公共政策［M］. 北京：商务印书馆，2000.

[54] 西奥多·W. 舒尔茨. 改造传统农业 [M]. 北京：商务印书馆，1987.

[55] 温铁军. 三农问题与世纪反思 [M]. 北京：生活，读书，新知三联书店，2005.

[56] 周立. 中国各地区金融发展与经济增长（1978～2000）[M]. 北京：清华大学出版社，2004.

[57] 张杰. 金融中介理论发展述评 [J]. 中国社会科学，2001 (6).

[58] 易宪容. 农村金融新政——功夫在“农”外 [J]. 西部论丛，2007 (2).

[59] 孙同全. 农村金融新政中非政府小额信贷的发展方向探析 [J]. 农业经济问题，2007 (5).

[60] 温涛，冉光和，熊德平. 中国金融发展与农民收入增长 [J]. 经济研究，2005 (9).

[61] 陈军，王亚杰. 我国金融发展与经济增长互动关系实证分析 [J]. 中国软科学，2002 (8).

[62] 朱守银. 中国农村金融市场供给和需求 [J]. 管理世界，2003 (3).

[63] 周志太. 农村信用社贷款营销障碍及对策探析 [J]. 改革，2003 (3).

[64] 杨国忠，李木祥. 我国信贷资金的非均衡流动与差异性金融政策实施的研究 [J]. 金融研究，2004 (9).

[65] 米什金. 货币金融学 [M]. 北京：中国人民大学出版社，2006.

[66] 张凤超. 金融地域系统研究 [M]. 北京：人民出版社，2006.

[67] 郝寿义，安虎森. 区域经济学 [M]. 北京：经济科学出版社，1999.

［68］高新才．区域经济与区域发展［M］．北京：人民出版社，2001.

［69］聂华林，王成勇．区域经济学通论［M］．北京：中国社会科学出版社，2006.

［70］威廉·夏普，戈登·亚历山大，杰弗里·贝利．投资学［M］．北京：中国人民大学出版社，2005.

［71］罗来武，刘玉平，卢宇荣．从机构观到功能观：中国农村金融制度创新的路径选择［J］．中国农村经济，2004（8）.

［72］张元红，李静，张军．从合作基金会事件看中国农村金融改革与发展［J］．中国农村经济，2002（8）.

［73］何广文．从农村居民资金借贷行为看农村金融抑制与金融深化［J］．中国农村经济，1999（10）.

［74］胡朝建，刘伟，王秋凌，罗俊华．国外农村政策性金融运作特点及我国农业政策性银行的发展定位［J］．中国农村经济，2001（5）.

［75］谢平，徐忠．公共财政、金融支农与农村金融改革［J］．经济研究，2006（4）.

［76］王毅．用金融存量指标对中国金融深化进程的衡量［J］．金融研究，2002（1）.

［77］费友海．我国农业保险发展困境的深层根源——基于福利经济学角度的分析［J］．金融研究，2005（3）.

［78］张元红．新一轮农村信用社改革及其对农村金融发展的影响［J］．中国农村观察，2005（4）.

［79］李子奈．对农村进行金融支持的政策建议［J］．改革，2006（3）.

［80］伍海华．金融区域二元结构及发展对策［J］．经济理论与经济管理，2002（8）.

［81］刘明．论金融体系在西部大开发中的四大职能［J］．城市

经济区域经济，2002 (4).

[82] 朱守银．中国农村金融市场供给和需求 [J]. 管理世界，2003 (3).

[83] 冯涛，李定胜，张蕾．西部金融市场组织结构及其成长困境分析 [J]. 经济学家，2005 (2).

[84] 李小建．经济地理学 [M]. 北京：高等教育出版社，1999.

[85] 聂华林，李泉．中国西部城乡关系概论 [M]. 北京：中国社会科学出版社，2006.

[86] 聂华林，高凯山，拜琦瑞．小西北经济问题研究 [M]. 北京：中国社会科学出版社，2006.

[87] 朱锋，肖东平．农村金融“新政”解读 [J]. 济南金融，2007 (1).

[88] 贾春新．金融深化：理论与中国经验 [J]. 中国社会科学，2000 (3).

[89] 杨菁．农村金融新政下的思考 [J]. 银行家，2007 (5).

[90] 谌争勇．我国农村金融体系重构：从金融抑制理论的视角考察 [J]. 江西财经大学学报，2007 (1).

[91] 李锐，朱喜．农户金融抑制及其福利损失的计量分析[J]. 经济研究，2007 (2).

[92] 冯兴元．解决区域发展不平衡问题——德国和欧盟的经验 [J]. 中国农村经济，1999 (6).

[93] 熊建国．中国农户融资的现状分析与民间金融 [J]. 中国农村经济，2006 (3).

[94] 刘芳．从金融资源配置角度看经济欠发达地区的资金外流 [J]. 金融研究，2002 (9).

[95] 谢平，徐忠，沈明高．农村信用社改革绩效评价 [J]. 金融研究，2006 (1).

[96] 蔡昉，王德文．比较优势差异、变化及其对地区差距的影响 [J]. 中国社会科学，2002 (5).

[97] 王修华．我国区域金融发展差异的比较 [J]. 经济地理，2007 (3).

[98] 张杰．农户、国家与中国农贷制度：一个长期视角 [J]. 金融研究，2005 (2).

[99] 李静．农村金融发展和改革的地区差别 [J]. 中国农村观察，2005 (6).

[100] 陈希敏．经济落后地区农户金融合作意愿的实证研究 [J]. 中国软科学，2006 (3).

[101] 周雷，魏巍，余珊萍．基于六县市调研的我国农户融资现状比较与改革研究 [J]. 农村金融，2007 (9).

[102] 黄玉龙．基于区域差异下的农村信用合作社发展模式研究 [J]. 新疆社会科学，2006 (1).

[103] 张瑞怀．农村金融生态环境评价的基点：农村区域差异及原因探析 [J]. 武汉金融，2006 (9).

[104] 周好文，余浩．农村金融制度安排中的差异法分析 [J]. 金融理论与实践，2005 (11).

[105] 聂世宇，李检华．区域差异背景下农村信用合作社发展模式探讨 [J]. 海南金融，2007 (2).

[106] 王维强．我国区域金融政策问题研究 [J]. 财经研究，2005 (2).

[107] 人民银行兰州中心支行课题组．金融业支持西部大开发问题研究 [J]. 甘肃金融，2001 (8).

[108] 杨敬峰，刘亚芬．差异化金融政策与区域协调发展 [J]. 经济论坛，2007 (7).

[109] 周逢民．论货币政策的结构调整职能 [J]. 金融研究，2004 (7).

[110] 谭崇台．发展经济学的新发展 [M]．武汉：武汉大学出版社，1999.

[111] 约翰·梅纳德，凯恩斯．就业、利息与货币通论 [M]．北京：商务印书馆，2006.

[112] 高铁梅．计量经济分析方法与建模 [M]．北京：清华大学出版社，2007.

[113] 世界银行．农村金融：问题设计与研究方法 [M]．中国农村金融研讨会，2002.

[114] 焦兵．东西部农村金融对农村经济增长贡献的比较研究 [J]．统计与决策，2007 (1).

[115] 冯开文．印度农村合作社的发展 [J]．中国农村经济，2007 (4).

[116] 陈岱孙，厉以宁．国际金融学说史 [M]．北京：中国金融出版社，1991.

[117] 吴敬琏．中国增长模式抉择 [M]．上海：上海远东出版社，2006.

[118] 奥哈拉．市场的微观结构理论 [M]．北京：中国人民大学出版社，2007.

[119] 王广谦．经济发展中金融的贡献与效率 [M]．北京：中国人民大学出版社，1997.

[120] 赵志君．金融资产总量、结构与经济增长 [J]．管理世界，2000 (3).

[121] 斯蒂格利茨，格林沃尔德．通往货币经济学的新范式 [M]．北京：中信出版社，2005.

[122] 曹啸，吴军．我国金融发展与经济增长关系的格兰杰检验和特征分析 [J]．财贸经济，2002 (5).

[123] 陈军，王亚杰．我国金融发展对经济增长的影响分析 [J]．财经理论与实践，2002 (S3).

［124］董正青．金融释放论［J］．经济研究，2003（7）．

［125］张杰．中国金融成长的经济分析［M］．北京：中国经济出版社，1995．

［126］马长有．中国金融结构与经济增长的实证分析［J］．社会科学研究，2005（3）．

［127］陈东琪．新政府干预论［M］．北京：首都经贸大学出版社，2000．

［128］托玛斯·赫尔曼，凯文·穆尔多克，约瑟夫·斯蒂格利茨．金融约束：一个新的分析框架［J］．经济导刊，1997（5）．

［129］王莹．我国股票市场发展过程中的政府行为分析［D］．吉林大学2007届硕士学位论文．

［130］董杰．金融发展与农村经济增长研究［D］．西南财经大学2004届博士学位论文．

［131］钟笑寒，汤荔．农村金融机构收缩的经济影响［J］．经济评论，2005（1）．

［132］任晶．中国农村金融抑制和金融深化问题研究［D］．湖南大学2006届硕士学位论文．

［133］魏雅丽．中国农村金融成长中的政府行为研究［D］．暨南大学2004届硕士学位论文．

［134］张元红．农民的金融需求与农村的金融深化［J］．中国农村观察，1999（1）．

［135］谢丽霜．西部开发中的金融支持与金融发展［M］．大连：东北财经大学出版社，2003．

［136］贾红刚．我国农村金融深化绩效的实证检验［D］．南京农业大学2001届博士学位论文．

［137］张兵．我国农村金融深化的实证检验与比较研究［J］．南京农业大学学报，2002（2）．

［138］林毅夫．三农问题与我国农村的未来发展［J］．农业经济

问题，2003（1）.

［139］周威．中国农村金融深化中的体制构建问题研究［D］．东北财经大学2003届硕士学位论文．

［140］安翔．我国农村金融发展与农村经济增长问题研究［D］．浙江大学2004届博士学位论文．

［141］江其务，武胜利．中国西部金融改革与发展战略报告［J］．西安金融，2001（4）.

［142］伍海华．金融区域二元结构及发展对策［J］．经济理论与经济管理，2002（8）.

［143］谭崇台．发展经济学概论［M］．武汉：武汉大学出版社，2001.

［144］谈儒勇．中国金融发展和经济增长关系的实证研究［J］．经济研究．1999（10）.

［145］温铁军．新农村建设理论探索［M］．北京：文津出版社，2006.

［146］李兴江，赵锋．我国金融发展的非均衡性与中西部区域金融成长［J］．甘肃金融，2003（11）.

［147］李杨．金融中心：聚集金融资源的有效机制［J］．金融与保险，2003（8）.

［148］刘乃全．区域收敛与发散理论［J］．外国经济与管理，2000（11）.

［149］朱建芳．区域金融发展差距：理论与实证分析［D］．浙江大学2007届博士毕业论文．

［150］张军洲．中国区域金融分析［M］．北京：中国经济出版社，1995.

［151］周业安．金融市场的制度与结构［M］．北京：中国人民大学出版社，2005.

［152］蒋俊鹏，郭沛．中国农村金融组织空间结构分析［J］．中

国农村观察，2005（2）.

［153］樊纲，王小鲁．中国各地区市场化相对进程报告［J］．经济研究，2003（3）.

［154］科斯，阿尔钦，诺斯．财产权利与制度变迁——产权学派与新制度学派译文集［M］．上海：上海三联书店．

［155］戴根有．中国货币政策传导机制研究［M］．北京：经济科学出版社，2001.

［156］赵伟，马瑞永．中国区域金融增长的差异——基于泰尔指数的测度［J］．经济地理，2006（1）.

［157］江其务．制度变迁与金融发展［M］．杭州：浙江大学出版社，2003.

［158］Joan Robinson. The Generalization of the General Theory, in the Rate of Interest and other Essays, London: Macmillan, 1952.

［159］Lucas, Robert E. On the Mechanics of Economic Development. Journal of Monetary Economics, July 1988, 22 (1), pp. 3 – 42.

［160］Diamond, Douglas W. Financial Intermediation and Delegated Monitoring. Review of Economic Studies, July 1984, 51 (3), pp. 393 – 414.

［161］Schumpeter, J. A. 1911, A Theory of Economic Development Harvard University Press: Cambridge, MA.

［162］John Hicks. Measurement of Capital in Practice. 1969, Bulletin of ISI.

［163］Tobin J. A Proposal for International Monetary Reform. Eastern Economic Journal, July-October, 1978.

［164］Levine, R. 1997. Financial Development and Economic Growth: Views and Agenda. Journal of Economic Literature 35, 688 – 726.

［165］Rajan, Raghuram G. and Luigi Zingales. Financial Dependence and Growth. American Economic Review 88 (1998), 559 – 586.

[166] Kapur, B. K.. "Alternative Stabilization Policies for Less-Developed Economics," Journal of Political Economy, Vol. 84, No. 4, 1976, pp. 777 –796.

[167] Mathieson, D. J.. "Financial Reform and Stabilization Policy in a Developing Economy," Journal of development economics, Vol. 7, 1980, pp. 359 –395.

[168] Galbis, V.. "Financial and Economic Growth in Less-Developed Countries: A Theoretical Approach," Journal of development studies, Vol. 13, No. 2, 1977, pp. 58 –72.

[169] Fry. M. J.. "Models of Financially Repressed Developing Economics," World development, Vol. 10, No. 9, 1982.

[170] Robert G. King & Ross Levine (1993). "Finance, Entrepreneurship, and Growth: Theory and Evidence", Journal of Monetary Economics, 32, pp. 513 –542.

[171] Jose De Gregorio. "The Effects of Inflation on Economic Growth: Lessons from Latin America", European Economic Review, 36, (2 –3, April). pp. 417 –425.

[172] Patrick H. T. Financial Development and Economic Growth in Underdeveloped Countries. Economic Development and Cultural Change, 1966, 14 (2, 1): 174 –189.

[173] P. A. Samulson and W. D. Nordhaus. Economics, Mcgraw-Hill Book Company. 1989.

[174] Mckinnon, R. Optimum Currency Areas, American Economics Review, Vol. 53, Sept. 1963.

[175] Kenen, P. The Theory of Optimum Currency Areas: An Eclectic View, in Motetary Problems of the International Economy, ed. By Robert Mundell and Alexander Swoboda, Chicago: University of Chicago Press.

[176] Ingram, J. Comment: The Currency Area Problems, in Mo-

tetary Problems of the International Economy, ed. By Robert Mundell and Alexander Swoboda, Chicago: University of Chicago Press.

[177] Tower, E. and Willett. The Concept of Optimum Currency Areas and the Choice between Fixed and Flexible Exchange Rates, ed. by George N. Halm, Princetion University Press.

[178] P. Krugram. Second Thoughts on EMU. Japan and the world economy. 1992.

[179] Hoff, Karla, and Joseph Stigliz. Introduction: Imperfect Information and Rural Credit Market—Puzzles and Policy Perspectives. World Bank Economic Review, 1993, 4, pp. 235 – 250.

[180] P. Krugman, M. Obstfeld. International Economics-Theroy and Policy. Addison Wesley, 1997.

[181] M. Obstfeld, K. Rogoff. Foundations of International Macro-Economics, MIT Press, 1996.